SÂNİHÂTIM

I0212149

SÂNİHÂTIM

Annotated Facsimile Edition with
Transcription of the Ottoman Turkish

Vodinalı Hasan Remzi

Edited by
Saime Ülker Öneş

ALPMAN PRESS

Sânihâtım: Annotated Facsimile Edition with Transcription of the Ottoman Turkish

Author: Vodinalı Hasan Remzi
Editor: Saime Ülker Öneş
Editorial review: Deniz S. Ones and Somer Öneş
Transcription: Rıfat Günalan and Muharrem Kesik
Facsimile photographs: Ersin Alok
Book design: Stephan Dilchert

© 2025 Alpman Press
All rights reserved. No part of this book may be reproduced in any form by any electronic or mechanical means (including photocopying, recording, or information storage retrieval) without permission in writing from Alpman Press.

ISBN 979-8-218-81164-8 (paperback)

A full color, facsimile e-book version of this book is available at https://alpman.press

CONTENTS – İÇİNDEKİLER

FOREWORD – ÖNSÖZ

Dear readers and lovers of literature,

The world of literature and poetry is an art form that elevates a society and touches its soul! It is with great pleasure that I present to you a poetry book written by my grandfather, Vodinalı Hasan Remzi Bey, one of the last notable poets and writers of the Ottoman Empire.

As the granddaughter of Hasan Remzi Bey, I have undertaken the task of transcribing his Ottoman Turkish works from their original script into the contemporary Latin alphabet, with the aim of introducing him both to the members of our family and to the broader literary community, and of serving those who are passionate about the history of Ottoman literature. I am honored to support the publication of this first poetry collection, Sânihâtım.

This volume also presents an author biography, which is the result of my own research on my grandfather's life. The information about my grandfather has been carefully gathered from the eighth volume of İbnü'l-Emîn Mahmud Kemal İnal's Son Asır Türk Şairleri (The Turkish Poets of the Last Century), published in 1939, as well as from a family tree drawn over a century ago by his elder brother, Bâkî Bey, who served as the Chief Judge of İzmir's First Karantina (Quarantine) District.

It is with the hope that his works, transcribed from Ottoman Turkish into the contemporary Latin alphabet, may reach scholars and literary enthusiasts in Turkey and around the world that I present this poetry book to you!

Sevgili okurlar ve edebiyata gönül verenler,

Edebiyat ve şiir dünyası, bir toplumu kanatlandıran ve duygularına hitap eden bir sanat dalıdır! Dedem, son Osmanlı şair ve yazarlarından Vodinalı Hasan Remzi Bey'in bir şiir kitabını sizlere sunmaktan mutluluk duyuyorum.

Ben, Hasan Remzi Bey'in torunu olarak, onun yazdığı Osmanlıca eserleri Türkçeye çevirerek onu hem ailemiz fertlerine hem de edebiyat âlemine tanıtmak ve Osmanlı Edebiyat Tarihi'ne meraklı kişilere bir hizmet verebilmek amacıyla bu ilk şiir kitabı olan "Sânihâtım"ın yayımlanmasına müzahir oluyorum.

Bu eser aynı zamanda, dedemin hayatı üzerine yaptığım kendi araştırmalarımın ürünü olan bir yazar biyografisini de sunmaktadır. Dedem hakkındaki bilgileri 1939 yılında yayımlanan İbnü'l-Emîn Mahmud Kemal İnal'ın "Son Asır Türk Şairleri" ansiklopedisinin 8. cüzündeki bilgiler ile babamın amcası, Hasan Remzi Bey'in ağabeyi, İzmir I. Karantina Bölgesi Yüksek Kadısı Bâkî Bey'in yüz yıldan fazla bir süre önce çizmiş olduğu aile ağacının ışığında bir araya topladım.

Eserlerinin Osmanlıcadan Türkçeye çevrilmesiyle Türkiye ve dünyadaki edebiyatçılara ulaşabilmesi için bu şiir kitabını sizlere sunuyorum!

Prof. Dr. Saime Ülker Öneş
Editor / Editör

ACKNOWLEDGEMENTS – TEŞEKKÜR

I offer my abiding gratitude to my steadfast supporter in all matters, my lifelong companion, and my eternal partner, Prof. Dr. Somer Öneş, who made it possible for this book to be prepared and published and who supported me unwaveringly; to the Ottoman Turkish scholars Prof. Dr. Rıfat Günalan and Prof. Dr. Muharrem Kesik, who assisted with the transliterations; to the acclaimed photographer Mr. Ersin Alok, for his contributions of photographs and facsimiles; to Prof. Dr. Stephan Dilchert, who meticulously designed the book cover, prepared it for print, and handled the typesetting; and to my daughter, Distinguished Professor Dr. Sabahat Deniz Öneş, who supported us throughout the editing and printing process.

Kitabın yazılıp basılmasına olanak sağlayan, her konuda destekçim olan hayat arkadaşım, ebedî eşim Prof. Dr. Somer Öneş'e, kitabın tercümelerine yardımcı olan Osmanlıca hocaları Prof. Dr. Muharrem Kesik ve Prof. Dr. Rıfat Günalan'a, fotoğraf-faksimile yardımları için seçkin fotoğraf sanatçısı Sn. Ersin Alok'a, kitabın kapak tasarımını, baskıya hazırlamasını ve dizgisini titizlikle yapan Prof. Dr. Stephan Dilchert'a, redaksiyon ve kitabın basım işinde bize destek olan kızım Prof. Dr. Sabahat Deniz Öneş'e sonsuz teşekkürlerimi sunarım.

Prof. Dr. Saime Ülker Öneş

.

DEDICATION – İTHAF

To the memory of Vodina's Hasan Remzi Bey, whose poetry still gives voice to the soul of a time now past; and to our family, who carry the spirit of poetry forward across generations.

The love of freedom and of the pen resounds beyond the bounds of time, reborn as a living poem within each generation.

Geçmiş bir zamanın ruhuna hâlâ ses veren şiirleriyle Vodinalı Hasan Remzi Bey'in aziz hatırasına ve şiir ruhunu nesiller boyu yaşatan sevgili ailemize.

Hürriyetin ve kalemin aşkı, zamanın ötesinde yankılanır; her nesilde, bir şiir gibi yeniden doğar.

Author Biography – Yazarin Biyografisi

Vodinalı Hasan Remzi Bey

Hasan Remzi Bey was a descendant of the Kepçeli family of Çorum and the great-grandson of Hüseyin Nushi Efendi, the Mufti and Professor (Müderris) of Vodina (present-day Edessa, Greece). Hüseyin Nushi Efendi was born in Çorum in 1153 Hijri (1740 CE) and moved to Vodina in 1183 Hijri (1769 CE) upon his appointment as a judge (Kadı). He passed away in Vodina in 1223 Hijri (1808 CE). Hasan Remzi Bey was the grandson of Abdülbâki Efendi, who served as a professor and public lecturer (Ders-i Âm) in Vodina (born 1206 Hijri [1792 CE] – died 1274 Hijri [1857 CE]).

His father, Hüseyin Zühdî Efendi, lived in Vodina as a calligrapher and professor (Hijri 1231 [1816 CE] – Hijri 1289 [1872 CE]). Hasan Remzi Bey was the third child of Hüseyin Zühdî Efendi (his elder siblings were Bâkî Bey, who served as the Chief Judge of İzmir's First Quarantine District, and Şerife Hanım).

Hasan Remzi Bey was born in Vodina in 1289 Hijri (1871 CE) and passed away at the end of 1338 Hijri (early 1920 CE, shortly after Şeb-i Arûs) in Konya-Karaman.

He began his education in Thessaloniki alongside his brother Bâkî Bey and completed his studies in Istanbul. During his years in Istanbul, he published poems and stories in major newspapers and literary journals such as Tercüman-ı Hakikat, Maarif, Hazine-i Fünun, and Nilüfer. In 1893 (1309 Hijri), he resided in Kadıköy, Istanbul, during the most prolific period of his literary production.

Hasan Remzi Bey, Çorum'un Kepçeli Ailesinden olup Vodina Müftüsü ve Müderrisi Hüseyin Nushi Efendi'nin büyük torunudur. Hüseyin Nushi Efendi, Hicrî 1153 (Miladî 1740) yılında Çorum'da dünyaya gelmiş, Hicrî 1183 (Miladî 1769) yılında kadı olarak atanması üzerine Vodina'ya göç etmiş ve Hicrî 1223 (Miladî 1808) yılında Vodina'da (bugünkü Yunanistan'daki Edessa) vefat etmiştir. Hasan Remzi Bey, Vodina'da müderrislik ve Ders-i Âm görevinde bulunmuş olan Abdülbâki Efendi'nin (Hicrî 1206 [Miladî 1792] – Hicrî 1274 [Miladî 1857]) torunudur. Hasan Remzi Bey'in babası ise Hüseyin Zühdî Efendi olup, hattat ve müderris olarak Vodina'da yaşamıştır (Hicrî 1231 [Miladî 1816] – Hicrî 1289 [Miladî 1872]). Hasan Remzi Bey, Hüseyin Zühdî Efendi'nin üçüncü çocuğudur (ağabeyi İzmir I. Karantina Bölgesi Yüksek Kadısı Bâkî Bey ve ablası Şerife Hanım). Hasan Remzi Bey, Hicrî 1289 (Miladî 1871) yılında Vodina'da doğmuş, Hicrî 1338 sonunda (Miladî 1920 başlarında, Şeb-i Arûs ardından) Konya-Karaman'da vefat etmiştir.

Ağabeyi Bâkî Bey ile Selanik'te başladığı eğitimini İstanbul'da tamamlamıştır. İstanbul'da yaşadığı yıllarda, başta Tercüman-ı Hakikat olmak üzere Maarif, Hazine-i Fünun ve Nilüfer gibi gazete ve mecmualarda şiir ve hikâyeler yayımlamıştır. 1893 yılında (1309 Hicrî) Kadıköy İstanbul'da ikamet etmekte ve edebî üretiminin en yoğun dönemini yaşamaktadır. 1894 yılında Cezâyir-i Bahr-i Sefîd (Rodos) Valisi Abidin Paşa'nın himayesine giren Hasan Remzi Bey, maiyetinde çalışmıştır. Balıkesir muallim mektebinde de edebiyat dersleri vermiştir. 1897 yılında Rodos'ta Divan-ı Harp Daimi

In 1894, Hasan Remzi Bey entered the patronage of Abidin Pasha, the Governor of the Province of Cezâyir-i Bahr-i Sefîd (the Mediterranean Islands) and worked closely with him. He also taught literature at the Balıkesir Teachers' School. In 1897, he was appointed as a clerk at the Permanent Court Martial Office (Divan-ı Harp Daimi Kalemi) in Rhodes. Around the same time, in 1899, he published his poetry collection Sânihâtım in Istanbul.

Abidin Pasha, who held Hasan Remzi Bey dear as a son, saw to it that he married Sâime Esma Hanım of Yanya (present-day Ioannina, Greece), a young woman who had been lovingly raised as an only child by her mother, Naime Hanım, and by Hayriye Hanım, the first wife of her late father, Nebil Bey. Their marriage took place at the Pasha's waterfront mansion (yalı) in Yeniköy. At the time of their marriage, Hasan Remzi Bey was twenty-six years old, while Sâime Esma Hanım was only sixteen or seventeen.

Following the Thessalian War, disturbed by unrest in the Mediterranean islands and the clandestine arming of local Christian populations by Greece, Hasan Remzi Bey, driven by nationalist sentiments, sent a telegram from Rhodes to the Ottoman Palace to alert the authorities. However, the Grand Chamberlain Tahsin Pasha did not take the telegram seriously. In response, Hasan Remzi Bey traveled to Istanbul and protested directly. When he accused Tahsin Pasha of treason ("hain"), he was arrested by Şefik Pasha, the Minister of Police (Zaptiye Nazırı), imprisoned for a night, and had his manuscripts confiscated during interrogation. He was subsequently sentenced to exile.

At this time, his pregnant wife, Sâime Esma Hanım, accompanied by her mother-in-law Naime Hanım, boarded a ship to join him in exile to Rhodes.

Kalemi'nde kâtip olarak görevlendirilmiştir. Aynı dönemde, 1899 yılında İstanbul'da Sânihâtım adlı şiir kitabını yayımlamıştır.

Hasan Remzi Bey, Abidin Paşa'nın öz oğlu gibi sevdiği bir şahsiyetti. Paşa, babası Nebil Bey'in vefatından sonra yetim kalan ve annesi Naime Hanım ile babasının ilk eşi Hayriye Hanım'ın şefkatiyle büyüyen Yanyalı (Ioannina) Sâime Esma Hanım'ı, Hasan Remzi Bey ile Yeniköy'deki yalısında evlendirmiştir. Evlendiklerinde Hasan Remzi Bey yirmi altı, Sâime Esma ise henüz on altı veya on yedi yaşındaydı.

Teselya Savaşı sonrasında Akdeniz adalarında yaşanan karışıklıklar ve Yunan destekli silah sevkiyatına karşı hassasiyet gösteren Hasan Remzi Bey, milliyetçi duygularıyla Rodos'tan Saray'a bir telgraf çekerek durumu bildirmiştir. Ancak Mabeyn Başkâtibi Tahsin Paşa telgrafı ciddiye almamış, bunun üzerine Hasan Remzi Bey İstanbul'a giderek doğrudan protestoda bulunmuştur. Tahsin Paşa'ya "hain" diye çıkışınca, Zaptiye Nazırı Şefik Paşa tarafından tutuklanmış, bir gece hapsedilmiş ve sorgusu sırasında el yazması eserlerine el konulmuştur. Suçlu bulunarak sürgüne gönderilmesine karar verilmiştir.

Bu sırada hamile olan eşi Sâime Esma Hanım, kayınvalidesi Nâime Hanım ile birlikte, Hasan Remzi Bey'le Rodos'a sürgüne gitmek üzere vapura binmiştir. Ancak vapur İzmir'e uğradığında, Hasan Remzi Bey kaçıyor zannedilerek tekrar tevkif edilmiştir. Yaşadığı bu büyük üzüntünün ardından Sâime Esma Hanım, Sisam (Samos) Adası'na vardıklarında erken doğum yapmış ve kısa bir süre sonra lohusa hummasından vefat etmiştir.

Bu trajik olayın ortasında, ileride Türkiye'nin önemli matematikçilerinden biri olacak küçük Bahri Vedad Alpman, ünlü matematikçi Pisagor'un (M.Ö. 570–469) doğduğu topraklarda, Sisam

However, when the ship stopped in İzmir, Hasan Remzi Bey was mistakenly suspected of attempting escape and detained again. The grief that followed contributed to Sâime Esma Hanım going into premature labor upon reaching the island of Samos (Sisam). She tragically passed away shortly after childbirth due to puerperal fever.

Amid this tragedy, Bahri Vedad Alpman, who would later become one of Turkey's eminent mathematicians, was born on the island where the ancient mathematician Pythagoras (570–469 BCE) had once lived. However, he entered the world bereft of both parents, stepping into life marked by profound orphanhood.

Bahri Vedad never knew his father. Hasan Remzi Bey, because of his searing satires and scathing criticisms of Sultan Abdulhamid II, spent much of his life in exile or fleeing from it.

In a twist of fate, Bahri Vedad Alpman would go on to teach mathematics at Balıkesir High School, much like his father had taught literature in Balıkesir decades earlier. Having inherited by nature his father's emotional temperament and affinity for the aruz meter, he composed poems in that form and contributed articles to various newspapers.

Hasan Remzi Bey saw himself as a secret Young Turk, driven by a passionate allegiance to freedom and homeland, loyalties he confessed to valuing above love and family ties.

In his early years of exile, he moved to Cyprus, where he wrote for the Zaman newspaper, and subsequently fled to London, continuing his literary life abroad.

Shortly before the proclamation of the Second Constitutional Era (Meşrutiyet), he returned to Istanbul,

Adası'nda dünyaya gelmiştir. Ancak doğar doğmaz hem annesiz hem de babasız kalmış, hayatına büyük bir yetimlik içinde adım atmıştır. Bahri Vedad Bey hayatında hiçbir zaman babasını görmemiştir. Zira Hasan Remzi Bey zamanın padişahı II. Abdülhamit aleyhine yazdığı hiciv yazıları nedeniyle devamlı sürgüne gönderilmiştir veya sürgünden kaçmıştır. Oğlu Bahri Vedad Alpman da kaderin bir cilvesi olarak Balıkesir Lisesinde Matematik Öğretmenliği yapmış, babasından genetik miras olarak aldığı duygusallığı ve aruz veznine yatkınlığıyla şiirler yazmış ve gazetelerde yazılar kaleme almıştır.

Hasan Remzi Bey, vatan ve hürriyet aşkıyla kendisini gizli bir Jön Türk olarak görmekte, bu uğurda aşkı ve aile bağlarını dahi ikinci plana atmayı göze almaktaydı. İlk sürgün yıllarında Kıbrıs'a gitmiş, burada Zaman gazetesinde yazılarını yayımlamış, ardından Londra'ya kaçarak kalemini orada da kullanmaya devam etmiştir. Meşrutiyet'in ilanından kısa bir süre önce İstanbul'a dönmüş; fakat sivri dili ve keskin kalemi nedeniyle bu kez Konya-Karaman'a sürgüne gönderilmiştir. Ömrünün geri kalan yıllarını Karaman'da geçirerek, çeşitli gazete ve mecmualarda edebî ve fikrî hayatına devam etmiştir.

Hasan Remzi Bey'in eserleri arasında Lughat-i Remzî (1305 [1888]), Gençlik Hatıraları (1311 [1893]), Sefahat (1311 [1893]), Sânihâtım (1317 [1899]) ve otobiyografik romanı Sevda-yı Medfun Yahud Safahat-ı İstibdad (1327 [1909]) bulunmaktadır. Bunların dışında, yazdığı çok sayıda şiir ve hikâye dönemin çeşitli neşriyatlarında yayımlanmıştır.

Hasan Remzi Bey'in hiç göremediği oğlu Prof. Dr. Bahri Vedad Alpman'ın soyundan gelenler — torunu Prof. Dr. Saime Ülker Öneş, büyük torunları Prof. Dr. Sabahat Deniz Öneş ve Yüksek

but his sharp tongue and unsparing pen led once again to his exile, this time to Konya-Karaman. He spent the remainder of his life in Karaman, continuing his work in literature and public thought in various newspapers and journals.

Among Hasan Remzi Bey's published works are Lughat-i Remzī (1305 Hijri [1888 CE]), Gençlik Hatıraları (1311 Hijri [1893 CE]), Sefahat (1311 Hijri [1893 CE]), Sânihâtım (1317 Hijri [1899 CE]), and his autobiographical novel Sevda-yı Medfun Yahud Safahat-ı İstibdad (1327 Hijri [1909 CE]). Alongside his major works, many of Hasan Remzi Bey's poems and stories graced the pages of the literary journals and periodicals of his day.

The descendants of Hasan Remzi Bey's only son, Prof. Dr. Bahri Vedad Alpman — including his granddaughter Prof. Dr. Saime Ülker Öneş, his great-grandchildren Prof. Dr. Sabahat Deniz Öneş and Structural Engineer (M.Sc.) Süha Remzi Öneş, as well as their children Daria Melek Haner and Ece Maya Öneş — continue to keep alive the torch of freedom and the love of books and the pen in their literary works, academic pursuits, and professional achievements.

Forward.

Mühendis Süha Remzi Öneş ile onların evlatları Derya Melek Haner ve Ece Maya Öneş — bugün de atalarının hürriyet sevdasını ve kitap-kalem aşkını edebî eserlerinde, bilim yolculuklarında ve meslekî emeklerinde yaşatmaktadırlar.

İleriye.

AUTHOR'S PREFACE – YAZARIN ÖNSÖZÜ

Sânihâtım, a tomb erected to love!...
A humble keepsake from me to you.

A Few Words:

My esteemed readers,

The poetry collection that I have named "Sânihâtım" is composed of "scattered words" — fragments born from bitter recollections and fading memories that, from time to time, have silently brought tears to my soul.

These verses possess no merit save that they may serve as companions to a sorrowful night or as the silent solace of a wounded heart.

Peruse, if you will, the reflections and pangs of love drawn from the tear-drenched pages of Sânihâtım.

Selanik (Thessaloniki), 25 Nisan 1312 / 7 May 1896

H. Remzî

Sânihâtım — aşkın bir makberi...
Sana, benden kalan bir yadigâr.

İki Söz:

Aziz okuyucularım,

"Sânihâtım" adını verdiğim bu şiir mecmuasını oluşturan dağınık sözler, bazen ruhumu sessizce ağlatan acı hatıralardan, bazen ise hatırasız hüznün derinliklerinden doğmuştur.

Bu sözler, bir elem gecesinin, yaralı bir kalbin gamlı nefesinden başka bir meziyete sahip değildir.

Okuyun: Bu gözyaşlarıyla nemlenmiş satırlarda, benim aşk acılarımı ve kalbimin sessiz feryatlarını.

Selanik, 25 Nisan 1312 / 7 Mayıs 1896

H. Remzî

سانخائم

مؤلفى : وودينالى

ح. رمزى

ف نظارت جليله‌سنك فى ۱٤ شباط سنه ۳۱۳
و ٤٥۲ نومرولى رخصتنامه‌سيله طبع اولنمشدر

استانبول

عالى جوارنده ابوالسعود جاده‌سنده احمد احسان مطبعه‌سى
۱۳۱۷

SÂNİHÂTIM

Müellif:

Vodinalı H. Remzi

Maarif Nezaret i Celilesinin 14 Şubat 1313

tarihli ve 452 numaralı ruhsatnamesi tab' olunmuştur

İstanbul

Bab' ali civarında

Ebu'-Su'ud Caddesinde Ahter Matbaası

1317

استانبول

اختر مطبعه‌سی ابو السعود جاده‌سنده نومرو ٥٤

İstanbul
Ahter Matba‘ası Ebu’s-su‘ûd Caddesi’nde Numero 54

سانحاتم، كه عشقنه مقصورده ! . . .
مطا . . . . . بر بادلاردر، بنده

ایكی سوز :

محترم قارئلرم :

«سانحاتم» نامنی ویردیكم بو شعر مجموعه‌سنی
تشكیل ایدن « پریشان سوزلر » كه، بیكاه روحی
خموشانه اپكا ایله‌ین آجی یادلردن، یادسوز حصره‌
لردن عبارتدر، كه برشبرو‌الملك، برقلب جریحه‌دارك
غمخواری، تسلی‌كاری اولمقدن باشقه بر مزیتی
حائز دكالردر . .

تفكر اتمی، آلام عشقمی اوقویك :
بو كوز یاشی ابله نمناك سانحاتمده

سلانیك: فی ۲۵ نیسان سنه ۳۱۲

ح. رمزی

Sânihâtım, ki: aşka makberdir!...
Sana... bir yâdigârdır, benden.

İki söz:

Muhterem kâri'lerim!

"Sânihâtım" nâmını verdiğim bu şi'ir

mecmu'asını teşkîl eden "perîşân sözler" gâh,

bî-gâh rûhumu hamûşâne ibkâ eyleyen acı

yâdlardan, yâdsuz hâtırâlardan ibâretdir, ki bir

şebrev-i elemin, bir kalb-i cerîhadârın gam-

hârı, tesellî kârı olmakdan başka bir meziyeti

hâ'iz değillerdir..

Tefekkürâtımı, âlâm-ı aşkımı okuyun:
Bu gözyaşı ile nemnâk-ı sânihâtımdan

Selânik: fî 25 Nisan sene [1]312/7 Mayıs 1896
H.Remzî

Âlâm: Elemler.

Gâh u bî gâh: Vakitli
vakitsiz.

Hamûşâne: Sessizce,
sessizliği andırır,
şekilde.

İbkâ': Ağlatma.

Kalb-i cerîhadâr: Yaralı
kalp.

Kâri': Okuyucu.

Nem-nâk: Nemli, yaş.

Sânihât: Çok
düşünmeden fikre doğan,
akla gelen şeyler.

Şebrev: Gece giden
yürüyen.

شاعر بلند كفتار عطوفتلو عبد الحق حامد بك
افندى حضرتلرينه برتقديمۀ احترام اولمق شرفيله
مباهيدر.

حسنكزه! ...

شفق بولوطلرى اولمش نقاب حسنكزه
چكيلدى نور سحردن سحاب حسنكزه
بهاره قارشى مباهى اولورسكز البت
اسيردر كوزلم! آب و تاب حسنكزه
سما پريسيمى، سودالى بر چيچكميسكز؟
بولونميور ملكم! ... بر خطاب حسنكزه
فدا: بهار طبيعت، فدا: فيوض بهار!
فدا: لطافت صبح شباب حسنكزه
بوتون محاسنى مفتون جهان بالانك،

8

Şâ'ir-i Bülend-i Güftâr Atûfetlü Abdülhak Hâmid Beyefendi Hazretlerine Bir Tekaddüme-i İhtirâm Olmak Şerefiyle Mübâhîdir.

Hüsnünüze!...

Güftâr: Söz.

Husn: Güzellik.

İhtirâm: Saygı, hürmet.

Letâfet: Güzellik.

Mahâsin: İyilikler, güzellikler.

Meftûn: 1. Fitneye düşmüş, sihirlenmiş. 2. Gönül vermiş, tutkun, vurgun. 3. Hayran olmuş, şaşmış.

Mübâhî: Övünen.

Nikâb: Peçe, yüz örtüsü.

Sehâb: 1. Bulut. 2. Karanlık. 3. Bulut gibi uçuşan böcekler.

Subh: Sabah, sabah vakti.

Şebâb: Gençlik, tazelik, civanlık.

Şafak bulutları olmuş nikâb hüsnünüze

Çekildi nûr-ı seherden sehâb hüsnünüze

Bahâra karşı mübâhî olursunuz elbet

Esirdir güzelim! Âb u tâb hüsnünüze

Semâ perisi mi, sevdâlı bir çiçek misiniz?

Bulunmuyor meleğim!.. bir hitâb hüsnünüze

Fedâ: bahâr-ı tabî'at, fedâ: füyûz-ı bahâr!

Fedâ: letâfet-i subh-ı şebâb hüsnünüze

Bütün mahâsini meftûn cihân-ı bâlânın,

9

بوتون محاسنی ای آفتاب ! حسنكزه

امان ! . شوغازه‌ني، ابرظلامی قالدیریكز

روامی‌در ؟ بوقدر احتجاب حسنكزه

(مشقت) اولماسه « رمزی » نشیده كولقده

یازاردی مرتجلاً بر كتاب حسنكزه

❧

بهار محزون ! .. {*}

صبح مخموره قارشی بر دلبر ،

بر پری .. بر خلاصهٔ اسحار

مستیٔ عاشقانه‌يی سویلر !

وار نگاهنده بر خفیف خمار

§

موجزن كوزلرنده نور امل

خنده پیرا لبنده : شعر شباب

صاریشین ، بر سحر ادالی كوزل

عرض ایدر شاعرانه بر مهتاب

_____

[*] بو شعری « حیرت » نام مستعاری ایله « عصر »
غرته‌سنه درج ایتمشدم ·

Sânihâtım _____ 5

Bütün mahâsini ey âfitâb! Hüsnünüze

Amân!. Şu gâzeyi, ebr-i zalâmı kaldırınız

Revâ mıdır? Bu kadar ihticâb hüsnünüze

(meşakkat) olmasa "Remzî" neşîde-gûlukda

Yazardı mürtecilen bir kitâb hüsnünüze

Bahar-ı Mahzûn!..[*]

Subh-ı mahmûra karşı bir dilber,

Bir peri.. bir hulâsa-i eshâr

Mesti-i âşıkâneyi söyler!

Var nigâhında bir hafîf humâr

Mevc-zen gözlerinde nûr-ı emel

Hande-pîrâ lebinde: şi'r-i şebâb

Sarışın, bir sihr edâlı güzel

Arz eder şâ'irâne bir mehtâb

_____

[*] Bu şi'ri "Hayret" nâm-ı müste'ârî ile "Asr"
gazetesine derc etmişdim.

Âftâb: 1.Güneş. 2. Güneşin ışığı. 3. Güzel [kadın]. 4. Güzel yüz, 5. Şarap.

Ebr: Bulut.

Eshâr: Sabahlar, sabah vakitleri.

Gâze: Kadınların yüzlerine sürdükleri düzgün, allık.

Humâr: İçkiden sonra gelen başağrısı, sersemlik.

İhticâb: Hicab, perde altına girme, saklanma, gizlenme.

Mevc-zen: Dalga vuran, dalgalanan, dalgalı [deniz].

Neşîde-gû: Neşîde okuyan.

Nigâh: Bakış, bakma.

Pîrâ: "Donatıcı, süsleyici, düzenleyici" mânâlarıyla birleşik kelimeler yapar.

11

فجر اولده صان كه اوچشدر
بو تبسم ، بو نشوهٔ سودا !
نه يه بيلهم ـ كه ـ رنكى اوچشدر
خسته يمْ ! . . دير لسان حالى بكا

§

كيزلى بر نشئه وار خرامنده
قلبى آلام حسله مشحوندر !
اوقونور كريه ابتسامنده !
بو ، كوزل : بر بهار محزوندر ! . . .

صارى صاچلره :

دو كونجه موج تبسمله يار صاچلرينى
او بر نسيم سحر موجه‌دار صاچلرينى
كورنجه بويله نه‌دن ؟ كريه‌خيز اولور كوكلم
نكاه شوخنى ٠ سودامدار صاچلرينى
خيال شاعرى اوقشار او بوسه‌كاه امل
امان دافيت ينه اى روزكار! .. صاچلرينى
ـ خرام نازى ايله ـ آسمانده ابر بهار
كتيردى يادمه بر كل عذار صاچلرينى

Sânihâtım _____ 6

Fecr-i evvelde sanki uçmuşdur

Bu tebessüm, bu neşve-i sevdâ!

Neye bilmem –ki- rengi uçmuşdur

Hastayım!.. der lisân-i hâli bana

Gizli bir neş'e var hırâmında

Kalbi âlâm-ı hisle meşhûndur!

Okunur girye-i ibtisâmında!

Bu, güzel: bir bahâr-ı mahzûndur!...

Sarı Saçlara:

Dökünce mevc-i tebessümle yâr saçlarını

O pür nesîm-i seher mevce-dâr saçlarını

Görünce böyle neden? Girye-hîz olur gönlüm

Nigâh-ı şûhunu, sevdâ-medâr saçlarını

Hayâl-i şâ'iri okşar o bûse-gâh emel

Aman dağıt yine ey rüzgâr!.. saçlarını

-Hirâm-ı nâzı ile- âsmânda ebr-i bahâr

Getirdi yâdıma bir gül-izâr saçlarını

Âsmân: Gök, semâ.

Ebr-i bahar: Bahar
bulutu.

Girye: Ağlama, ağlayış,
gözyaşı.

Girye-hîz: Girye
(ağlama) koparan,
koparıcı.

Gül-izâr: Gül yanaklı, al
yanaklı.

Hirâm: Nazlı, edalı,
salına salına gidiş.

İbtisâm: Tebessüm
etme, hafif gülme,
gülümseme.

Meşhûn: Doldurulmuş,
dolu.

Nesîm: Hafif rüzgâr.

Neşve: Sevinç, hafif
sarhoşluk, keyif, neş'e.

Nigâh-ı şûh: Şuh
bakışlı.

13

مشام روحه ازهاردن کوزل کلیور !

بیراقدی یار بکا برکذار ساچلرینی

دم غروبده رمزی حزین حزین دوشونور!

حزین حزین دوشونور!... زرنتار ساچلرینی

حضرت فضولینك بر غزل عاشقانه‌سنی تنظیر ایده بیلیرمی‌یم ؟

اوه ، دم که ایله‌یور قلب حزینم برصفا پیدا

پری فجر ایله یریر اولور نور خدا: پیدا

خیال شاعری ایلر قرین بهت واستغراق

نه‌در؟ بو رنك رنك الواح کیم پیدا و ناپیدا

او مست غنج واستغناک: بر شعر سماوی‌در

دمادم ایله‌یور کوکلمده حس اعتلا پیدا !

کوزمدن قیصقانیرکن روح سوداپرورم اواه!..

قیلار اول دیده بركو هزاران آشنا پیدا

بدایع آفرینم ، رمزیا ! برهان اعجازم :

اولان گلزار طبعمده بو نظم دلربا پیدا

Sânihâtım _____ 7

Meşâmm-ı rûhuma ezhârdan güzel geliyor!..

Bırakdı yâr bana ber-güzâr saçlarını

Dem-i gurubda Remzi hazîn hazîn düşünür!

Hazîn hazîn düşünür!.. zer-nisâr saçlarını

Hazret-i Fuzûlî'nin Bir Gazel-i Âşıkânesini Tanzîr Edebilir miyim?

O, dem ki eyliyor kalb-i hazînim ber sefâ peydâ

Perî-i fecr ile yeryer olur nûr-ı Hüdâ: peydâ

Hayâl şâ'iri eyler karîn-i beht ü istiğrâk

Nedir? Bu renk renk elvâh kim peydâ vü nâ-peydâ

O mest-i ganc ve istiğnâ ki: bir şi'r-i semâvîdir

Demâdem eyliyor gönlümde hiss-i i'tilâ peydâ!

Gözümden kıskanırken rûh-ı sevdâ-perverim eyvâh!..

Kılar ol dîde-i pür-gû hezârân-âşnâ peydâ

Bedâyi'-âferînim, Remziyâ! burhân-ı i'câzım:

Olan gülzâr-ı tab'ımda bu nazm-ı dil-rübâ peydâ

Bedâyi': Eşi ve benzeri olmayan güzel, mükemmel ve yeni şeyler.

Beht: Şaşkınlık, hayranlık.

Bergüzâr: Hediye, hâtıra, andaç.

Demâdem: Her vakit, sık sık.

Dîde: Göz.

Dil-rübâ: Gönül kapan, gönül alan.

Elvâh: Düz satıhlar, üzerine yazı yazılan ve resim yapılan şeyler, portreler, tablolar.

Ezhâr: Çiçekler.

Ganc: Nazlanma.

Hezâr-aşnâ: Pek çok tanıdığı olan.

İ'câz: 1. Âciz bırakma, acze düşürme. 2. Şaşırtma. 3. Mucize sayılacak kadar düzgün.

İstiğnâ: 1. Aza kanaat etme, tokgözlülük. 2. İhtiyaçsızlık. 3. Nazlanma; ağır davranma. 4. Çekinme.

İstiğrâk: 1. Dalma, içine gömülme. 2. Kendinden geçip dünyâyı unutma. 3. Boğulma.

İ'tilâ': Yükselme, yukarı rütbelere erişme.

Meşâmm: Burun, koku alacak yer.

Pür-gû: Çok söyleyen, bol konuşan.

Zer-nisâr: Altın saçan.

شاعر كزيده سنی ت. فكرت بلك افندی يه
ای قيز !..

ای قيز، ترانهدار امل، ای سحر لقا !
كاهی ديرم: ـ كوركنجه ـ سكا مهر خندهزا
اوقشار لايسته صاچلرينكی باد جانفزا:
بر دم بهار !

§

كلزار عصمتنكده اوچار ای نهال تر !
بر خنده خنده نور ، سحر خيز نشئهلر
عرض ايلدن بو كون ينه برلوحهٔ سحر،
برصبح تابدار !

§

حسنك كه : پنبه بر بولوطك عكس آليدر !
علويتك ، محاسن شعرك مأليدر !
حالك سحر دمندهكی سودالی حاليدر،
سودا پريسنك !

§

ای آسمان قيزی ، نكه ناز پرورك :
حاوی بوتون مأنای عشقك ، اممللرك
اولدم ! شو آندهٔ نالهسرا بر مسخرك :
اه !... بن سنك

Sânihâtım _____ 8

Şa'ir-i güzîde-suhen T. Fikret Beyefendi'ye

Ey Kız!..

Ey kız, terâne-dâr-ı emel, ey seher-likâ!

Gâhî derim: -görünce- sana mihr-i hande-zâ

Okşar lepiska saçlarını bâd-ı can-fezâ:

Bir dem-i bahâr!

Gülzâr-ı ismetinde uçar ey nihâl-i ter!

Bir hande hande nûr, seher-hîz neş'eler

Arz eyledin bugün yine bir levha-i seher,

Bir subh-ı tâb-dâr!

Hüsnün ki: penbe bir bulutun aks-ı âlidir!

Uluvviyetin, mahâsin-i şi'rin me'âlidir!

Hâlin seher demindeki sevdâlı hâlidir,

Sevdâ perisinin!

Ey âsmân kızı, nigeh-i nâz-perverin:

Hâvî bütün me'âlini aşkın, emellerin

Oldum! şu anda nâle-serâ bir müsahharın:

Ah!.. ben senin

Bâd: Yel, rüzgâr.

Cân-fezâ: Can arttıran, gönüle ferahlık verici, cana can katıcı.

Gâhî: Bazen, arasıra.

Güzîde-suhen: Seçilmiş, beğenilmiş söz söyleyen.

Hande-zâ: 1- Gülümsemeden meydana gelen şey. 2. Sevinçle güldüren, gülümseten.

Lepiska: Uzun, sarı ve yumuşak (saç).

Mahâsin: İyilikler, güzellikler.

Müsahhar: Büyülenmiş, büyülü; büyü ile aldanmış.

Nâle-serâ: İnleyen.

Nigeh-i nâz: Nazlı bakış, bakma.

Seher-hîz: Erken kalkan.

Seher-likâ: Seher yüzlü.

Tâb-dâr: Parlaklık.

Terâne-dâr: Nağmeli, ahenkli, makamlı.

آهسته آهسته !

خيال ياردن ، الواح صبح ژاله پروردن
اوقور ارباب دل فن سخن آهسته آهسته !

۞

استاد اكرمك بر جريده شعربه لرينه نظيرهٔ
تلميذانه مدر :

هلال سحر !

تبسم ايتمه ده نور ايچره باق ! جمال سحر
دوشوندورور بنى بك چوق زمان مآل سحر
نه خوش نشيده لر الهام ايدر لآل سحر
اولور مهيج سوداى دل شو حال سحر
غموم فرقتى تنظير ايدر زوال سحر
نه دن ، نه دن ؟ متألمسك اى هلال سحر !

§

دم وصال نگارى ايدر دم استبشار
ترانه ساز اوليوركن غصون ايچنده هزار
اولوردى لمعه فشان وجه يار پرتودار !
دوداقلرى متبسم ، دوچشمى نشوه نثار !

Sânihâtım _____ 9

Âheste Âheste!

Hayâl-i yardan, elvâh-ı subh-ı jâle-perverden
Okur erbâb-ı dil fenn-i suhan âheste âheste!

Üstâd Ekrem'in Bir Bedî'a-i Şi'riyelerine Nazîre-i Tilmîz-ânemdir:

Hilâl-i Seher!

Tebessüm etmede nûr içre bak! Cemâl-i seher
Düşündürür beni pek çok zamân me'âl-i seher
Ne hoş neşîdeler ilhâm eder le'âl-i seher
Olur müheyyic sevdâ-yı dil şu hâl-i seher
Gumûm-ı fırkati tanzîr eder zevâl-i seher
Neden, neden? Müte'ellimsin ey hilâl-i seher!

Dem-i visâl nigârı eder dem-i istibşâr
Terâne-sâz oluyorken gusûn içinde hezâr
Olurdu lem'a-feşân vech-i yâr pertev-dâr!
Dudakları mütebessim, dû-çeşmi neşve-nisâr!

Dû-çeşm: İki göz.

Gumûm: Kederler, tasalar, dertler, kaygılar.

Gusûn: Ağaç dalları, filizler.

İstibşâr: Müjde alma, hayırlı bir haber alıp sevinme, ferahlama.

Jâle: Kırağı, çiğ.

Le'âl-i seher: İncili seher.

Lem'a-feşân: Işıklar saçan.

Müheyyic: Heyecan veren.

Neşîde: [Bir toplulukta okunmaya değer] manzume, şiir.

Neşve-nisâr: Neşe veren.

Nigârî: [Eskiden] ressam. [insan resimleri yapardı].

Pertev-dâr: Işıklı.

Tanzîr: 1. Benzetme, benzetilme. 2. Bir şiirin mânâca, şekilce benzerini yapma.

Tilmîz-âne: Talebeye (öğrenciye) yakışacak.

Visâl: 1. Ulaşma, bitişme. 2. Sevgiliye kavuşma.

19

او حالی ایله‌دی آواره کوکلمه اخطار !

صباحه قارشی طلوعڭده ای هلال سحر

§

نه یانده‌در ؟ عجبا اول سحر کولوشلی بری

او ، خنده‌لر نه‌ره‌ده ؟ شیمدی آه ! یوق اثری

تزاید ایتمه‌ده قلب حزینڭ کدری . .

تخطر ایلیه‌رك آغلارم ! . . . او ، عشوه‌گری

کوکلده قالدی آجیقلی فراق یاره‌لری

بیترمی ؟ آه ! . . . بنم دردم ای هلال سحر !

§

زمین ، سما نه کوزل ! بر جهان نورانور !

دكيزده عكس لطیفی خیالڭ منظور !

نه‌در او ، لوحهٔ حیرت رسان عقل وشعور ؟

ترنم ایتمه‌ده شوق وطربله جمله طیور !

نه‌در؟ بو فرط مسرت . . نه‌در بوحالت سور؟

کدر و برر می ؟ عجب سویله ای هلال سحر !

~~~~~

اعاظم رجال ادبیه‌دن برآصف ممدوح سیرتك، بر بیوك
شاعرك غزل ساحرانه‌لرینه سوزده نظیره‌در

یار! . . . الواح شفق رخسارگی تنظیر ایدر!

صبح سودا : ابتسام عشوه‌گی توقیر ایدر !

شوخ بر خنده‌ك . . او ، رفتار سحرخیزڭ سنك

O hâli eyledi âvâre gönlüme ihtâr!

Sabaha karşı tülû'unda ey hilâl-i seher

Ne yandadır? Acabâ ol seher gülüşlü peri

O, handeler nerede? Şimdi âh! Yok eseri

Tezâyüd etmede kalb-i hazînimin kederi...

Tahattur eyleyerek ağlarım!.. o, işve-geri

Gönülde kaldı acıklı firâk yâreleri

Biter mi? Âh!.. benim derdim ey hilâl-i seher!

Zemîn, semâ ne güzel! Bir cihân-ı nûrânûr!

Denizde aks-i latîfî hayâlinin manzûr!

Nedir o, levha-i hayret-resân akl u şu'ûr?

Terennüm etmede şevk ü tarabla cümle tuyûr!

Nedir" bu fart-ı meserret.. nedir bu hâlet-i sûr?

Keder verir mi? Aceb söyle ey hilâl-i seher!

**E'âzım-ı Ricâl-i Edebiyyeden Bir Âsaf-Memduh
Sîret'in, Bir Büyük Şâ'irin Gazel-i Sâhirânelerine
Sözde Nazîredir**

Yâr!.. elvâh-ı şafak ruhsârını tanzîr eder!

Subh-ı sevdâ: ibtisâm-ı işveni tevkîr eder!

Şûh bir handen.. o, reftâr-ı seher-hîzin senin

Fart-ı meserret: Aşırı sevinç.

Hâlet-i sûr: Sevinç hâli.

İbtisâm: Tebessüm etme, hafif gülme, gülümseme.

İşve-ger: İşveli, nazlı, edalı.

Reftâr: Gidiş, yürüyüş, hareket; salınarak edalı yürüyüş.

Resân: "Erişenler, yetişenler, ulaşanlar" mânâlarıyla birleşik kelimeler yapar.

Seher-i hîz: Sabah erken kalkan.

Şevk ü tarab: Zevk ve şenlik, eğlence.

Tevkir: Güzel karşılama, ağırlama; ululama.

Tezâyüd: Çoğaltma, artma.

سوديكم ! علويلری ، خاکیلری تسخیر ایدر
شام هجرانك غروبی ، رنك محزونینی
کوییا روحمده کی کریا نلغی تقریر ایدر
پای زمینگده : اشکم ایله یور اعلان راز ،
آهك عکس حزینی عشقمی تصویر ایدر
«شوخ مشرب» شاعرم ، رمزی ! فضای قلبمی
بر بری ، بر نور جوال املی تنویر ایدر!

———— ❧ ————

تأسف : {*}

سودا ـ بوتون آمال ـ او رؤیای شبابم
برابر ظلام ایچره کذار ایتدی . . خرابم ،
ای درد یتر ! وار قره طوپراغه شتابم!..

———— ❧ ————

نظیره یه

سمن، بنفشه، كل، بوتون سحر، بهار، ماهتاب
زمینده تازه برچیچك، سماده پنبه بر سحاب !
ـ دیورم آه ! . . . بن ـ سكا : حقیر بر نظیره در!

———— ❧ ————

---

[*] (ناله یأس) عنوانلی بر نظم پریشانمدن

Sânihâtım _____ 11

Sevdiğim! Ulvîleri, hâkîleri teshîr eder

Şâm-ı hicrânın gurûbu, reng-i mahzûniyeti

Gûyiya rûhumdaki giryânlığı takrîr eder

Pây-ı nermîninde: eşkim eyliyor i'lân-ı râz,

Âhımın aks-i hazîni aşkımı tasvîr eder

"Şûh-meşreb" şâ'irim, Remzi! Fezâ-yı kalbimi

Bir peri, bir nûr-ı cevvâl-i emel tenvîr eder!

Te'eyyüs: [*]

Sevdâ – bütün âmâl – o rü'yâ-yı şebâbım

Berâber zalâm içre güzâr etdi... harâbım,

Ey derd yeter! Var kara toprağa şitâbım!..

Nazîreye

Semen, benefşe, gül, bütün seher, bahâr, mâhitâb

Zemînde tâze bir çiçek, semâda penbe bir sehâb!

-diyorum âh!.. ben- sana: hakîr bir nazîredir!

_____

[*] (Nâle-i Ye's) ünvanlı bir nazm-ı perîşânımdan

Eşk: Gözyaşı.

Giryân: Ağlayıcı, ağlayan.

Gûyî: Söyleme, söyleyiş.

Güzâr: Geçme, geçiş.

Hâki: Hikâye eden, anlatan.

Mâh-tâb: Ay ışığı, mehtap, On dört gecelik Ay.

Nermin: Yumuşak.

Râz: Sır, gizlenilen şey.

Sehâb: 1. Bulut. 2. Karanlık. 3. Bulut gibi uçuşan böcekler.

Şitâb: Acele, sürat, çabukluk.

- زيبه ايچون -

فرداى وصال !

اى نور شكفته غنچه‌سى باغ صباحتك !
اوقشاردى قلب زارمى ياد محبتك !
هيچ كلمه‌يوردى خاطره آلام فرقتك
بر صبح نوبهار ايدى : فرداى وصلتك !

§

ياز موسمى ايدى، او نه خوش بر زمان ايدى ؟
جاى قرارم : لب جوى روان ايدى !
اورمانده بر خطيب چمن نغمه خوان ايدى!
بر صبح نوبهار ايدى ! فرداى وصلتك

§

ايلر بوتون امللرى احيا : دم سحر !
كوردكجه بر شكوفهٔ تر، ورد ژاله‌ور
بيلمم ! نه‌دن ؟ .. شو روح غريم فغان ايدر!
بر صبح نوبهار ايدى : فرداى وصلتك

§

بيلديردى ذوق عمرى بكا : بوسهٔ شباب
بختمده واردى آه ! . . كه بر ميل اكتراب
ياد ايله‌دكجه روحى ياقار . . . موج اضطراب
بر صبح نوبهار ايدى ! فرداى وصلتك

§

-Nerîme İçün-
Ferdâ-yı Visâl!

Ey nûr: şüküfte goncası bağ-ı sabâhatin!
Okşardı kalb-i zârımı yâd-ı muhabbetin!
Hiç gelmiyordu hatıra âlâm-ı fırkatin
Bir subh-ı nevbahâr idi: ferdâ-yı vuslatın!

Yaz mevsimi idi, o ne hoş bir zamân idi?
Cây-ı karârımız: leb-i cûy-ı revân idi!
Ormanda bir hatîb-i çemen nağme-hân idi!
Bir subh-ı nevbahâr idi! Ferdâ-yı vuslatın

Eyler bütün emelleri ihyâ: dem-i seher!
Gördükçe bir şükûfe-i ter, verd-i jâle-ver
Bilmem! Neden?.. şu rûh-ı garîbim figân eder!
Bir subh-ı nevbahâr idi: ferdâ-yı vuslatın

Bildirdi zevk-i ömrü bana: bûse-i şebâb
Bahtımda vardı âh!.. ki bir meyl-i iktirâb
Yâd eyledikçe rûhu yakar… mevc-i ızdırâb
Bir subh-ı nevbahâr idi!.. ferdâ-yı vuslatın

Çay: Yer.
Cûy-ı revân: Akarsu.
İktitâb: korkulu, gamlı, kederli bulunma, yaklaşma, yanaşma.
Şükûfe-ter: Taze çiçek.
Şükûfe-gî: Açılma, açılmış olma, açılmışlık.
Verd: Gül.

كلمش ينه بهار . . چیچکلر طرب فزود !
بن ماتم فراقلك ایله آغلارم ! . . چه سود؟ . .
« ماضی » یه دینسه لایق اولور : یأس بی حدود !
بر صبح نوبهار ایدی ! . . فردای وصلتك

§

سودا : نه در؟ شباب قدر طاتلی بر بلا ! . . .
روحم صفای عشقلك ایله ایتدی اعتلا !
رؤیامی در ؟ بو خاطره : ای یاربی وفا !
بر صبح نوبهار ایدی ! فردای وصلتك

§

سنسك، حیاته قارشی دوغان مهرومه ماهسن !
حیفا ! . . یتیملر کبی مهجور نشئه دن :
رمزی حزین غروبك ایله اولدی ناله زن
بر صبح نوبهار ایدی ! . . فردای وصلتك

سودیکمك مزارنده :

بوراده آغلیور کبی کورونور !
انجم خنده ور، شب مقمر.
آلدی آماليی بوتون، کیتدی
بو مزارك ایچنده کی اختر ! . .

Sânihâtım _____ 13

Gelmiş yine bahar.. çiçekler tarab-ı füzûd!

Ben mâtem-i firâkın ile ağlarım!.. çi sûd?..

"Mâzî" ye dense lâyık olur: ye's-i bî-hudûd!

Bir subh-ı nevbahâr idi!.. ferdâ-yı vuslatın

Sevdâ: nedir? Şebâb kadar tatlı bir belâ!...

Rûhum sefâ-yı aşkın ile etdi i'tilâ!

Rü'yâ mıdır? Bu hâtıra: ey yâr-ı bî-vefâ!

Bir subh-ı nevbahâr idi! Ferdâ-yı vuslatın

Sensin, hayâta karşı doğan mihr u mâh sen!

Hayfâ!.. yetîmler gibi mehcûr-ı neş'eden:

Remzi hazîn-i gurûbun ile oldu nâle-zen

Bir subh-ı nevbahâr idi!.. ferdâ-yı vuslatın

Sevdiğimin Mezarında:

Burada ağlıyor gibi görünür!

Encüm-i hande-ver, şeb-i mukmir.

Aldı âmâlimi bütün, gitdi

Bu mezarın içindeki ahter!..

Çi-sûd: Ne fayda, neye yarar

Encüm: Yıldızlar.

Mehcûr: 1. Terk olunmuş, bırakılmış, unutulmuş, 2. Uzaklaşmış, ayrılmış.

Nâle-zen: İnleyen, inildeyen.

Şeb-i mukmir: Mehtaplı gece.

Tarab-ı füzûd: Sevinci, neşeyi artıran.

ادیب مشهور مصطفی رشید بك افندی یه

تخطرایت ! . .

ـ اودم که : ـ

پری صبح نوبهار افقده خنده بار اولور!
سكون ایچنده بر قوشك صداسی آشكار اولور!
نسیم بیقرار بر چیچكله حسبحال ایدر !
  كنارجوده سرپیلان سرشكمی تخطرایت! . .

§

دوكردی موجه موجه نورلر زمینه ماهتاب
لبكده تیترهیوردی شوخ . . . برتبسم شباب !
اوموزلركده صاچلرك اوچاردی صانكه: موج موج
او، لیل راز دار شاعرانه یی تخطرایت !

§

اونو تمادم ! . . او بزم شوقی، طاتلی طاتلی صحبتی
او بیبدل زمانی، آه ! . . او موعد سعادتی
تفكر ایلهدكجه دل زمان زمان شبابتی
اولور چه سود؟ . . كیزلی كیزلی ناله زن تخطرایت!

Sânihâtım _____ 14

Edîb-i Meşhûr Mustafa Reşid Beyefendi'ye

Tahattur Et!..

-O dem ki:-

Peri-i subh-ı nevbahâr ufukda hande-bâr olur!

Sükûn içinde bir kuşun sadâsı âşikâr olur!

Nesîm-i bî-karâr bir çiçekle hasbihâl eder!

Kenâr-ı cûda serpilen sirişgimi tahattur et!..

Dökerdi mevce mevce nurlar zemîne mâhitâb

Lebinde titriyordu şûh... bir tebessüm-i şebâb!

Omuzlarında saçların uçardı san ki: mevc mevc

Ol, leyl-i râz-dâr-ı şâ'irâneyi tahattur et!

Unutmadım!.. o bezm-i şevki, tatlı tatlı sohbeti

O bî-bedel zamânı, âh!.. o mev'id-i sa'âdeti

Tefekkür eyledikçe dil zaman zaman şebâbeti

Olur çi sûd?.. gizli gizli nâle-zen tahattur et!

Bezm-i şevk: İçkili, eğlenceli meclis, demek.

Cûd: Cömertlik.

Hande-bâr: Güldürücü.

Mev'id: 1. Va'dedilen, söz verilen yer. 2. Söz verme, vaid.

Nesîm: Hafif rüzgâr.

Râz-dâr: Sır tutan.

Sirişg: Gözyaşı.

Sûd: Fayda, kâr, kazanç.

ـ عندليب خوش الحانه ـ

غزل :

روح زارم غشی اولور علوی خطابكدن سنك
اقتباس ايتدم ! بو ، شعری لعل نابكدن سنك
يار ! . . . بر شوخانه جرأتله تماشا ايلهدم :
نور عصمت سرپيليردی جامه خوابكدن سنك
جسم نازانك اوپر امواح حمرت كاه كاه
مقتبس بر نوردر ! . . . . سودا : حجابكدن سنك
آه ! . . بر طاتلی تغافلدر اوچين ابروی ناز
نشوهدار اولدم ! بنه رنكين عتابكدن سنك
آ كلادم ای حسن محزون !.. برتقابل حسی وار
آ كلادم !.. ذوق حياتی انجذابكدن سنك
سوديكم!... كوردكجه «رمزی» بر غزل انشاد ايدر
ماهتابك عكسنی ابر نقابكدن سنك!

~~~~~~~~~~

«كوردسون يكی كورديكم كوزل قيز!...»

سحر ، بيتاب عشوه كدر..شفق، رنك حجابكدرا
بهارك صبح خنداخندی خمور شبابكدر !
صباحك پنبه نوری مختفيدر ابر حسنكده

Sânihâtım _____ 15

-Andelîb-i Hoş Elhâna-

Gazel:

Rûh-ı zârım gaşy olur ulvî hitâbından senin

İktibâs etdim! Bu, şi'ri lâ'l-i nâbından senin

Yâr!.. bir şûhâne cür'etle temâşâ eyledim:

Nûr-ı ismet serpilirdi câme-hâbından senin

Cism-i nâzânın öper emvâh-ı humret gâh gâh

Muktebes bir nûrdur!.. sevdâ: hicâbından senin

Âh!.. bir tatlı tegâfüldür o çîn-i ebrû-yı nâz

Neşve-dâr oldum! Yine rengîn itâbından senin

Anladım ey hüsn-ı mahzûn!.. bir tekâbül hissi var

Anladım!.. zevk-i hayâtı incizâbından senin

Sevdiğim!.. gördükce "Remzi" bir gazel inşâd eder

Mâhitâbın aksini ebr-i nikâbından senin!

"Görsün Yeni Gördüğüm Güzel Kız!.."

Seher, bî-tâb-ı işvendir.. şafak, reng-i hicâbındır!

Bahârın subh handâhandî mahmûr-ı şebâbındır!

Sabâhın penbe nûru muhtefidir ebr-i hüsnünde

Andelîb: Bülbül.

Câme-hâb: Gecelik.

Elhân: Nağmeler, ezgiler.

Emvâh: Sular.

Gaşy: Kendinden geçme, bayılma.

Handâ handi: 1. Sürekli, devamlı gülme. 2. Sürekli, devamlı gülen.

Humret: Kırmızılık, kızıllık.

İncizâb: 1. Çekme, çekilme. 2. Cazibeye çekilme.

İnşâd: 1. Şiir okuma, şiir söyleme. 2. manzum bir sözü, âhengine göre okuma.

İtâb: Azarlama, tersleme, paylama; darılma.

Lâ'l-i nâb: Saf dudak, kıpkırmızı dudak.

Muhtefi: Saklanan, gizlenen; saklanmış, gizlenmiş.

Muktebes: Faydalanmak üzere aynen alınmış, aktarılmış.

Nikâb: Peçe, yüz örtüsü.

31

قمرلردن اوچان شعر لطافت عکس تابکدر !

لبکدن سرپیلیر تا روحمه کلبوسهٔ آمال

بنی مسحور سودا ایلهین علوی خطابکدر !

بوتون شاعرلکی احیا ایدن ای مست استغنا !

ـ خرام نشئه بارکدر ـ او ، چشم نیم خوابکدر !..

دل عشاقی مدهوش ایلهین ای نخل نوپیدا !

سنک بیمار انظارك ، سنك جام شرابکدر ؟

ناصل؟ رمزی سخنرا اولماسین ای شاهدالهام!

سحر، بیتاب عشوه کدر .. شفق، رنك حجابکدر !..

~~~~~~~~~

یاد حزین :

تا افقدن خیال کریانك ،

بر پریسی : لیال هجرانك !

ایلهدی شاعرانه عرض لقا ،

تازهلندی کوکلدهكی سودا !

ینه روحمده قوپدی بر فریاد

صبح اولده ایلهدم سنی یاد ! . .

بو قارا کلق حیاته ای دلدار !

سن ایدك : غمکسار، مهربار !

بنی اولدوردی سودیکم : آف !

Sânihâtım _____ 16

Kamerlerden uçan şi'r-i letâfet aks-i tâbındır!

Lebinden serpilir tâ rûhuma gül-bûse-i âmâl

Beni meshûr-ı sevdâ eyleyen ulvî hitâbındır!

Bütün şâ'irliği ihyâ eden ey mest-i istiğnâ!

-Hirâm-i neş'e-i bârındır- o, çeşm-i nîm-i hâbındır!..

Dil-i uşşâkı medhûş eyleyen ey nahl-i nev-peyda!

Senin bî-mâr-ı enzârın, senin câm-ı şarâbındır?

Nasıl? Remzi suhan-zâ olmasın ey şâhid-i ilhâm!

Seher, bî-tâb-ı işvendir, şafak, reng-i hicabındır!..

Yâd-ı Hazîn:

Tâ ufukdan hayâl-i giryânın,

Bir perîsi: leyâl-i hicrânın!

Eyledi şâ'irâne arz-ı likâ,

Tâzelendi gönüldeki sevdâ!

Yine rûhumda kopdu bir feryâd

Subh-ı evvelde eyledim seni yâd!..

Bu karanlık hayâta ey dil-dâr!

Sen idin: gam-kusâr, mihr-i bahâr!

Beni öldürdü sevdiğim: âfet!

Bî-mâr: Hasta.

Gam-kusâr: Üzüntü çekilen yer.

Giryân: Ağlayıcı, ağlayan.

Hirâm: Salınma, salınarak edalı edalı yürüme.

İstiğnâ': 1. Aza kanaat etme, tokgözlülük. 2. İhtiyaçsızlık. 3. Nazlanma; ağır davranma.

Medhûs: Dehşete uğramış, şaşırmış; korkmuş, ürkmüş.

Meshûr: Büyülenmiş.

Nahl: 1. Hurma ağacı. 2. İnce, uzun, narin vücutlu dilber.

Nîm: yarı.

Suhan-zâ: Söz doğuran, söz icâdeden.

33

بر درین آه ، نالهٔ حسرت !
آه ! . . نره ؟ سكون ايچنده كمن
ياد ايدر ، آغلارم ! او دملری بن
كوزلرك : آشنای رازم ایدی !
او ، باقيشلر املنوازم ایدی !
او كولوشلر تقابل ايتدكجه ،
كريهٔ عاشقانهمه او ، كيجه !
خنده ايلردی . . . انجم رخشان !
عشق : بن آ كلادم ! نهدر او زمان
صبح عمرمده ماتمی بر شام
دل نالانی قيلدی بی آرام !
او غمين شب كه : زلفكه بكزر !
اوليبور بخت زاری ياد آور !
بيلمهدم بن : نهدر صفای بهار
آغلارم ! . . كيزلی كيزلی مجنون وار
الوداع ، الفراق ! . . عشوهكرم
سنی كوز ياشلريله ياد ايدرم ! . .

─── ❧ ───

هيهات ! . . .

هر يرده سنی ياد ايله آغلار دل زارم !
بر كره دها عودت ايدرمی ؟ . . . دم وصلت

─── ❧ ───

Sânihâtım _____ 17

Bir derîn âh, nâle-i hasret!

Âh!.. nerde? Sükûn içinde geçen

Yâd eder, ağlarım! O demleri ben

Gözlerin: âşinâ-yı râzım idi!

O, bakışlar emel-nüvâzım idi!

O gülüşler tekâbül ettikce,

Girye-i âşıkâneme o, gece!

Hande eylerdi… encüm-i rahşan!

Aşk: ben anladım! Nedir o zaman

Subh-ı ömrümde mâtemî bir şâm

Dil-i nâlânı kıldı bî-ârâm!

O gamîn-şeb ki: zülfüne benzer!

Oluyor baht-ı zârı yâd-âver!

Bilmedim ben: nedir safâ-yı bahâr

Ağlarım!.. gizli gizli mecnûn vâr

Elvedâ, elfırâk!.. işve-kerem

Seni gözyaşlarıyla yâd ederim!..

Heyhât!...

Her yerde seni yâd ile ağlar dil-i zârım!

Bir kere daha avdet eder mi?... dem-i vuslat

Bî-ârâm: 1. Durup
dinlemeyen.

Dil-i nâlân: İnleyen
gönül, dertli gönül.

Emel-nüvâz: Emelleri
okşayan.

Encüm: Yıldızlar.

Gamîn: Kaygılı, tasalı.

İşve: Güzelin, gönül
aldatan, gönül çelen naz
ve edası.

Nâle: İnleme, inilti.

Tekâbül: 1. Karşı
karşıya olma, karşı
karşıya, yüzyüze gelme,
karşılaşma. 2. Karşılık
olma.

بر كويلو قيزينه :

بر سماوی نكهك ايله‌دی مسحور بنی
شاعر ايتدك بنی، ای كوزلری مخمور! بنی
او تكلم، او تبسم، او خرام نازك
قيلدی ای نخل امل ! عشقكه مجبور بنی
آه! . . ای وادیٔ وحشت چيچكی ! بر كره:
ايتمه‌دك بوسۀ پايك ايله مسرور بنی
نه يه باقدك، نه يه كولدك، نه يه قاچدك؟ صوكره:
ايله‌دك حزن فراقك ايله مفتور ! . . بنی
كعبۀ كويكه كلدم ! ينه سرمست غرام
كورمه الله ايچون اولسون ! بنی محقور بنی
شعرحسنك ايله رمزی اولييور نغمه سرا
شاعر ايتدك بنی ، ای كوزلری مخمور ! بنی

~~~~~

بگزتدم !

لقای زردمی : برك خزانه بگزتدم !
بهار عمرمی : جوی روانه بگزتدم !
سحابلر آرهسندن كورنجه دلداری :
امل ديدكلری مهر جهانه بگزتدم !

36

Bir köylü kızına:

Bir semâvî nigehin eyledi meshûr beni

Şâ'ir etdin beni, ey gözleri mahmûr! Beni

O tekellüm, o tebessüm, o hiram-ı nâzın

Kıldı ey nahl-i emel! Aşkına mecbûr beni

Âh!.. ey vâdi-i vahşet çiçeği! Bir kere:

Etmedin bûse-i pâyın ile mesrûr beni

Neye bakdın, neye güldün, neye kaçdın? Sonra:

Eyledin hüzn-ı firâkın ile meftûr!.. beni

Ka'be-i kûyuna geldim! Yine sermest-i garâm

Görme Allah içün olsun! Beni mahkur beni

Şi'r-i hüsnün ile Remzi oluyor nağme-serâ

Şâ'ir etdin beni, ey gözleri mahmûr! Beni

Berk: Şimşek.

Garâm: 1. aşk, sevda, şiddetli arzu, fazla gönül düşkünlüğü.

Likâ-i zerd: 1. Sarı yüzlü. 2. Solgun, soluk yüzlü.

Mahkur: Hakir, aşağılık.

Meftûr: Bezgin, bezmiş, kederli, ümitsiz.

Nağme-serâ: Türkü söyleyen, şarkı okuyan.

Nigeh: Bakış, bakma.

Benzetdim!

Likâ-yı zerdimi: berk-i hazâna benzetdim!

Bahâr-ı ömrümü: cûy-ı revâna benzetdim!

Sahâbeler arasından görünce dil-dârı:

Emel dedikleri mihr-i cihâna benzetdim!

آچیق، صاچیق اویویور! خوابگاه نازنده

او بی‌وفایی: مه آسمانه بگزتدم !

فقط . . بوکون بگا یاد حزینی قالمشدر !

او، خوش زمانلری برق جهانه بگزتدم !

حزین حزین دولاشان کریه‌بار کوگلمده

خیال ماتمی اول یار جانه بگزتدم !

بو، نونشیدهٔ سوز شق مألی ای رمزی !

فضای دلده قوپان بر فغانه بگزتدم !

﷽

شاعر منیب جناب شهاب‌الدین بك افندی‌یه :

یاد شباب!

شعر سودا اوقیور باد سحر مشجرهده

کل وسنبل اولیور خنده‌نما : منهرهده

ایکیمز آغلارایکن یار ایله دلجو درهده

عشق منظور ایدی: هر لوحهده، هر منظرهده

آه ! . . ماضی دینیلن صبح شبابم نرهده ؟

§

هانی اول عالم سودا، اوسحر خیز ملك ؟

نرده مخمور صفا یار، اوسودالی چیچك !

بر حزین خاطرهدر! دور شبابت كرچك !

Açık, saçık uyuyor! Hâb-gâh-ı nâzende

O bî-vefâyı: meh-i âsmâna benzetdim!

Fakat.. bugün bana yâd-ı hazîni kalmışdır!

O, hoş zamânları bark-ı cihâna benzetdim!

Hazîn hazîn dolaşan girye-bâr gönlümde

Hayâl-i mâtemi ol yâr-ı câna benzetdim!

Bu, nev neşîde-i sûzişin me'âlî ey Remzî!

Fezâ-yı dilde kopan bir figâna benzetdim!

Dil-cû[y]: Gönül arayan, gönül çeken.

Girye-bâr: Ağlayan, gözyaşı döken.

Hâb-gâh: Uyunacak yer, yatak odası.

Mescere: Ağaçlık [yer], koru.

Mezhere: Çiçekli yer.

Sûziş: 1. Yanma, yakma. 2. Te'sir etme, dokunma. 3. Yürek yanması, büyük acı.

Şâ'ir-i Hazîn Cenâb Şehâbeddin Beyefendi'ye:

Yâd-ı Şebâb!

Şi'r-i sevdâ okuyor bâd-ı seher-i meşcerede

Gül ve sünbül oluyor hande-nümâ: mezherede

İkimiz ağlar iken yâr ile dil-cû derede

Aşk manzûr idi: her levhada, her manzarada

Âh!.. mâzî denilen subh-ı şebâbım nerede?

Hani ol âlem-i sevdâ, o seher-hîz melek?

Nerde mahmûr-ı sefa yâr, o sevdâlı çiçek!

Bir hazîn hâtıradır! Devr-i şebâbet gerçek!

تا بمحشر بو تحسر بنی كریان ایده جك ! . .
آه ! . . ماضی دینیلن صبح شبابم نره ده ؟

§

وعد اقبال ایله آواره كوكل كام آلدی
او صباح املك یادینه فكرم دالدی
شیمدی ایواه ! . . . كه بر یاد حزینی قالدی
بو حیاتك بكا : فریاد حزینی قالدی
آه ! . . . ماضی دینیلن صبح شبابم نره ده ؟

§

اغبرارك بكا ای ماه ! نه خوش برغم ایدی؟
حس كریانه كلخنده لرك محرم ایدی !
رمزیٔ سربهوا عشقك ایله خرم ایدی !
دم وصلت : نه كوزل، نشئه فزا بر دم ایدی!
آه ! . . . ماضی دینیلن صبح شبابم نره ده ؟

❦

كتاب عمرمه باقدقجه والهانه دیرم :
بهاری، فجری مصور نكاتی اكلامادم ! . .

Sânihâtım _____ 20

Tâ-be mahşer bu tahassür beni giryân edecek!..

Âh!.. mâzî denilen subh-ı şebâbım nerede?

Va'd-i ikbâl ile âvâre gönül kâm aldı

O sabah emelin yâdına fikrim daldı

Şimdi eyvâh!.. ki bir yâd-ı hazîni kaldı

Bu hayâtın bana: feryâd-ı hazîni kaldı

Âh!.. mâzî denilen subh-ı şebâbım nerede?

İğbirârın bana ey mâh! Ne hoş bir gam idi?

Hiss-i giryânıma gül-handelerin mahrem idi!

Remzi-i ser be-hevâ aşkın ile hürrem idi!

Dem-i vuslat: ne güzel, neş'e fezâ bir dem idi!

Âh!.. mâzî denilen subh-ı şebâbım nerede?

Kitâb-ı ömrüme bakdıkça vâlihâne derim

Bahârı, fecri musavver nikâtı anlamadım!..

İğbirâr: 1. Gubarlanma, tozlanma. 2. Kırılma, gücenme.

Nikât: 1. Herkesin anlayamadığı ince mânâlar 2. İnce manalı, zarif ve sakalı sözler.

Tahassür: 1. Hasret çekme. 2. Çok istenilen ve ele geçirilemeyen şeye üzülme.

Vâlihâne: Şaşkınca, şaşırmış olarak.

شهر نوخنده !..

موجه‌زندر سهر میاده
پنبه بر نور، خندۀ سحری
ایدییور خاطراتمی احیا !
آسمانك چهنده کریه‌لری
کویبا پرتو صباح شباب :
برق برق اولدی سمت بالاده !

§

نفل سودا ایدردی مشجره‌ده
عاشقانه قاوال چالان راعی
کیزلی کیزلی اولوردی اشك افشان
لب جوده او، نوجوان راعی !
ایله‌دم یاد . . . صبح ماضی‌یی :
بر پرینك ییقاندیغی دره‌ده

§

شوخ مشرب هزار نالنده
اولبیور نغمه‌خوان فصل بهار !
یکی آچمش زمین زمین کللر !
ژاله‌پرور ! نوین نوین ازهار !
هر چیچكدن، بهاردن دلبر ! . .
سودیکم قیز، او شعر نوخنده !

Şi'r-i Nev-hande!..

Mevce-zendir sipihr-i minâda

Penbe bir nûr, hande-i seheri

Ediyor hâtırâtımı ihya!

Âsmânın çemende giryeleri

Gûyîyâ pertev-i sabâh-ı şebâb:

Bark bark oldu semt-i balâda!

Nakl-i sevdâ ederdi meşcerede

Âşıkâne kaval çalan râ'î

Gizli gizli olurdu eşk-efşân

Leb-i cûda o, nev-civân-ı râ'î!

Eyledim yâd… subh-ı mâzîyi:

Bir perinin yıkandığı derede

Şûh-meşreb hezâr nâlende

Oluyor nağme-hân fasl-ı bahâr!

Yeni açmış zemîn zemîn güller!

Jâle-perver! Nüvîn nüvîn ezhâr!

Her çiçekden, bahârdan dilber!..

Sevdiğim kız, o şi'r-i nev-hande!

Eşk-efşân: Yaş döken, çok ağlayan, ağlayıcı.

Gûyî: Söyleme, söyleyiş.

Pertev: Işık, parlaklık, yalım.

Râ'î: Çoban.

Sipihr: Gök.

Şûh-meşreb: Açıkmeşrepli, şen ve neşeli.

43

او ، كوزلر :

او، كوزلردر ! بني مسحور سودا ايله‌ين كوزلر؟
او، كوزلردر : دل حياتى شيدا ايله‌ين كوزلر !
صفاياب حيات جاودانى قيلدى، عشاقى؛
سرائر آشناى فيض عيسى ايله‌ين كوزلر !
كوزلدر ! نوبهارك بر سحر پيدا سماسندن
دم صبح شباب يارى ايما ايله‌ين كوزلر
بوتون اسرار عشقى، راز قلب زارى ناقلدر !
نكاه ناز ايله ماضى‌يى احيا ايله‌ين كوزلر
قوباردى رمزيا ! كوكلمده بر طوفان حسيات
سماوى بر باقيشله شعرى اهدا ايله‌ين كوزلر

بر متشاعره :

اوزان ومعانيه اوزاقـدر هفواتك
اى هرزه سخن ! .. كنديكى شاعر مى صانيرسك؟

كندى كنديمه :

وقتا كه : افنده مهر انور :
شبنملره قارشى خنده ايلر !

Sânihâtım _____ _____ 22

O, Gözler:

O, gözlerdir! Beni meshûr-ı sevdâ eyleyen gözler!

O, gözlerdir: dil-i hassâsı şeydâ eyleyen gözler!

Safâ-yâb-ı hayât-ı cavidânı kıldı, uşşâkı,

Serâ'ir âşinâ-yı feyz-i îsî eyleyen gözler!

Güzeldir! Nev-bahârın bir sihir peydâ semâsından

Dem-i subh-ı şebâb-ı yârî îmâ eyleyen gözler

Bütün esrâr-ı aşkı, râz-ı kalb-i zârı nâkildir!

Nigâh-ı zâr ile mâzîyi ihya eyleyen gözler

Kopardı Remziyâ! Gönlümde bir tûfân-ı hissiyât

Semâvî bir bakışla şi'ri ihdâ eyleyen gözler

Bir Müteşâ'ire:

Evzân ve ma'ânîye uzakdır heftvâtın

Ey herze sühan!.. kendini şâ'ir mi sanırsın?

Kendi Kendime:

Vaktâ ki: ufukda mihr-i enver:

Şebnemlere karşı hande eyler!

Evzân: Tartılar, ağırlıklar, ölçüler.

Heftvât: 1. Ayak kayıp sürçme. 2. Yanılma, hata.

Herze: Boş lakırdı, saçma.

İsî: Issı.

Safâ-yâb: Safâlanmış, safa bulmuş.

Serâ'ir: Gizli şeyler, sırlar.

Uşşâk: Âşıklar.

45

وقتا كه : اولور نسیم كلینز
عشاق چمنله نغمه پرور !
كویا كورونور سحابه لردن :
ماضی او، سحر كولوشلی دلبر !
آفاقه نگاهی نصب ایدركن
ماضی ينه اولدی كریه آور !
ماضی ، دم نشوهٔ تخیل !
ایواه ! . . كه برسراب یكسر !
شاعر او زمانی یاد ایدنجه
بالاله دوغرو او چیق ایستر !
بر نبذه جك اولسون ایله تصور
كلزار شبابی ای سخن ور !
بر یانده دوروردی شام سرشار
بر یانده دوروردی بر صنوبر !
سویلر ایدی ــ گاه ــ راز عشقی
شوخانه باقیشله اول سمنبر !
وقتا كه : افول ایدنجه خورشید
آهسته دوغار ! مهمنور
اقبالمی ایله یوردی تبریك !
كوكلرده اوچان نجوم ازهر !
افسوس ! . . كه برخیال قالدی :
سودالری كیزله ین او، یرلر !

Sânihâtım _____ 23

Vaktâ ki: olur nesîm-i gül-bîz

Uşşâk-ı çemenle nağme perver!

Güyâ görünür sehâbelerden:

Mâzî o, seher gülüşlü dilber!

Âfâka nigâhı nasb ederken

Mâzî yine oldu girye-âver!

Mâzî, dem-i neşve-i tahayyül!

Eyvâh!.. ki bir serâb-ı yekser!

Şâ'ir o zamânı yâd edince

Bâlâlara doğru uçmak ister!

Bir nebzecik olsun eyle tasvîr

Gülzâr-ı şebâbı ey suhan-ver!

Bir yanda dururdu şâm-ı ser-şâr

Bir yanda dururdu bir sanevber!

Söyler idi – gah – râz-ı aşkı

Şûhâne bakışla ol semenber!

Vaktâ ki: üfûl edince hurşîd

Âheste doğar! Meh-i münevver

İkbâlimi eyliyordu tebrîk!

Göklerde uçan nücûm-ı ezher!

Efsûs!.. ki bir hayâl kaldı:

Sevdâları gizleyen o, yerler!

Efsûs: Yazık, eyvah! gibi bir teessür edatı.

Gül-biz: 1. gül serpen. 2. t. kadın adı.

Hurşid: Güneş.

Sanavber: 1. Çam fıstığı ağacı. 2. Çam fıstığı kozalağı. 3. Sevgilinin boyu boşu.

Semen-ber: Gümüş vücutlu, vücudu gümüş gibi olan.

Ser-şâr: 1. Ağzına kadar dolu, taşkın. 2. Sınırı aşan, ileri giden.

Suhan-ver: Düzgün konuşan.

Ûfûl: 1. Batma, kaybolma, görünmez olma. 2. mec. Ölme.

Yekser: Baştan başa, hep bütün.

رمزيني بيراقدى يار بوبله :
كرينده نظر، ملول، مغبر!
برهان علو فكرتمدر . . .
شعرم، بو ترانهٔ حزين تر!

كنار مقبرده :

پايانى يوق ! . . آجيقلى، تأثرلى آنك
اشكم او بر ! . . مزاريني سرو روانك
نجم سحرميدر؟ شو بولوطلرده كيزله ين
مفتور بر خياليميدر؟ يار جانك
كوردم ظلام ايچنده بهار شبابمى
رنك ملالى آه ! . . نه مظلم خزانك
ماضى، فضاى فكرمه وسعت ويرن خيال؟
اولدك يئه مهيج محرق فغانك !
رمزى! بو، نوزمين غزلم يادكاريدر :
سودالى، كريهبار، دل ناتوانك

Sânihâtım _____ 24

Remzi'yi bırakdı yâr böyle:

Gerinde nazar, melûl, muğber!

Bürhân-ı uluvv-ı fikretimdir...

Şi'rim, bu terâne-i hazîn ter!

Girye-bâr: Ağlayan, gözyaşı döken.

Melâl: 1. Usanç, usanma, bıkma. 2. Sıkılma, sıkıntı.

Müheyyic: Heyecan veren.

Muhrik: İhrâk eden, yakan, yakıcı.

Nâ-tüvân: Zayıf.

Zalâm: Karanlık.

Kenâr-ı Makberde:

Pâyânı yok!.. acıklı, te'essürlü ânımın

Eşkim öper!.. mezârını serv-i revânımın

Necm-i seher midir? Şu bulutlarda gizlenen

Meftûr bir hayâli midir? Yâr-ı cânımın

Gördüm zalâm içinde bahâr-ı şebâbımı

Reng-i melâli âh!.. ne muzlim hazânımın

Mâzî, fezâ-yı fikrime vüs'at veren hayâl!

Oldun yine müheyyici muhrik-i figânımın!

Remzi! Bu, nev-zemîn gazelim yâdigârıdır:

Sevdâlı, girye-bâr, dil-i nâ-tüvânımın

ينه او، يرده:

عينى در : برأميد محتضرك
بوراده : مهر نوطلوع، قمر!
ايصلانير دائما سرشكمله
عبرك اوستندەكى بياض كلر ! . . .

✦

ـ اوكا ـ

قوزوم !

هنوز روح ضريبمده ايكله‌ين بر سس
او ، سوديكم كوزلك آه ! . . صولۇ خطابه‌سيدر
قوپار فغان كبى اعماق روحدن بر سس
قوزوم ! . . ترانه‌سى ايواه ! . . صولۇ خطابه‌سيدز
§
دوشوندورور، بنى ايلر زمان زمان تحزين
برنجى عشقمى ياد ايتديرن بو نغمهٔ تر !
قوزوم ! . . ترانه‌سى بر كريه‌ناك، شعر حزين
كبى روانمى لرزندهٔ تأثر ايدر !
§

Yine O, Yerde:

Aynıdır: bir ümîd-i muhtazırın

Burada: mihr-i nev-tülû', kamer!

Islanır dâ'imâ sirişgimle

Kabrin üstündeki beyaz güller!...

A'mâk-ı rûh: Ruhun
derinliği.

Lerzende: Titreyen,
titrek.

Muhtazır: İntizar
hâlinde bulunan, can
çekişen.

Tahzîn: Kederlendirme,
tasalandırma.

-Ona-

Kuzum!

Henüz rûh-ı garîbimde inleyen bir ses

O, sevdiğim güzelin âh!.. son hitâbesidir

Kopar figân gibi a'mâk-ı rûhdan bir ses

Kuzum!.. terânesi eyvâh!.. son hitâbesidir

Düşündürür, beni eyler zamân zamân tahzîn

Birinci aşkımı yâd etdiren bu nağme-i ter!

Kuzum!... terânesi bir girye-nâk, şi'r-i hazîn

Gibi revânımı lerzende-i te'essür eder!

قوزوم ! . . او طاتلی خطاب املنواز ﯔ
بوتون امللری وعد ایلەیوردی تیترەیەرك
نسیمه قارشی نەدن ؟ لرزەدار اولور بربرك

§

قوزوم ! . . خطابی ایله بر سؤآله باشلاردی
خزان ، مشحره ، محزون هلالدن صورارم !
او خوش خطابەیی اشكمله كاه كاه آرارم !

❧

صوردم !

خندە پیرا سمانك آلتندە
متفكر، ملول، محزون بن
آغلادم ! . . عاشقانه یاد ایتدم ﯸ
سنی صوردم : نجوم زاهرەدن

～～✦～～

برنتبدەنلك ایلك یادیجەلری :

سودای قدیم

هنوز اون آلتی یاشنده سویملی بر دلبر !
دم غروبدە بر حزن شاعرانه ایله ،
تخطر ایلر ایا ی بر خیالی ، آغلاردی !

Sânihâtım _____ 26

Emel-nüvâz: Emel
okşayan.

Lerze-dâr: Titrek,
titreyici.

Meşcere: Ağaçlık yer.

Kuzum!.. o tatlı hitâb-ı emel-nüvâz bana

Bütün emelleri va'd eyliyordu titreyerek

Nesîme karşı neden? Lerze-dâr olur bir berk

Kuzum!.. hitâbı ile bir su'âle başlardı

Hazân, meşcere, mahzûn hilâlden sorarım!

O hoş hitâbeyi eşkimle gâh gâh ararım!

Sordum!

Hande pîrâ semânın altında

Mütefekkir, melûl, mahzûn ben

Ağladım!.. âşıkâne yâd etdim,

Seni sordum: nücûm-ı zâhireden

Bir Neşîde'nin İlk Parçaları:
Sevdâ-yı Kadîm

Henüz on altı yaşında sevimli bir dilber!

Dem-i gurûbda bir hüzn-ı şâ'irâne ile,

Tahattur eyler idi bir hayâli, ağlardı!

او ، بر خيال كه : سودا ، وفا مجسمی در !
اوت ! او كنجه درين بر محبتی واردی !

§

او دم كه : افقه ديكر چشم زاله پروری
صباح نشئه سی اوقشار لقای ذی فريق
او بر سمای محبت پريسی كوزلريی !
ديرم : كورنجه سمانك او نجم ازهريف :
هنوز اون آلتی ياشنده سويملی بر دلبر !

§

او ، چهره لرده باقملك ! شعر نوامل مشهود !
اولور بو ، بوسهٔ سودا : ملكلره محسود !
ايكی نهال محبت كه ، عشق ايله مسعود ! . .
اولوردی ياد شبابتله ـ كاه ـ گريه نمود !
دم غروبده بر حزن شاعرانه ايله

تخطر !

تخطر ايله دی آواره دل او ماهی ينه
چكر نه ربته آجيقلی، آجيقلی آهی ينه
اويوردی صانمشيدم اول سحر پريسنی آه!،،،

O, bir hayâl ki: sevdâ, vefâ mücessemidir!

Evet! O gence derîn bir muhabbeti vardı!

Girye-nümûd: Ağlar
gibi görünen, ağlamışa
benzeyen.

Mahsûd: Hased olunan,
hased edilen.

Rübte: Rütbeler,
dereceler.

O dem ki: ufka diğer çeşm-i jâle-perverini

Sabâh neş'esi okşar likâ-yı zî-ferîni

Öper simâ-yı muhabbet perisi gözlerini!

Derim: görünce semânın o necm-i ezherini:

Henüz on altı yaşında sevimli bir dilber!

O, çehrelerde bakın! Şi'r-i nev-emel meşhûd!

Olur bu, bûse-i sevdâ: meleklere mahsûd!

İki nihâl-i muhabbet ki, aşk ile mes'ûd!

Olurdu yâd-ı şebâbetle -gâh- girye-nümûd!

Dem-i gurûbda bir hüzn-i şâ'irane ile

Tahattur!

Tahattur eyledi âvâre dil o mâhî yine

Çeker ne rübte acıklı, acıklı âhı yine

Uyurdu sanmışıdım ol seher perisini âh!..

تغافل ايتمه‌ده‌در چشم انتباهی ينه
تقابل ايله‌دی كوز ياشلريله خنده‌ء يار
بو اولدی عشقمزك اك كوزل كواهی ينه
خدنك غمزه‌ء نازكله ای نهال امل !
ووررولدی عاشقكك قلب نالهكاهی ينه
قراریاب اولامام ! رمزیا بو يرلرده
تحطر ايله‌دی آواره دل او ماهی ينه

آهنك حزين :

خزان سرشت ملال ايتدی بخت زار بنی
« هواده یاپراغه دوندردی روزكار بنی »
خيال يار ، او وفاكار شاهد الهام
صباح وقتی ايدر بويله بی‌قرار بنی
بهارملك بكا صولك يادكاريدر بو چيچك !
بو كون سه بنی آغلاتدی ، نوبهار بنی
شبابمك بكا برسودی وارمی‌در ؟ هيهات ! ..
سحر ، طلوع ايده‌من شيمدی نشوه‌دار بنی
نه عاشقانه امل رمزيا ! مزارمده
يازارسه اهل سخن : بر شهيد يار ! .. بنی

Sânihâtım _____ 28

Tegâfül etmededir çeşm-i intibâhı yine

Tekâbül eyledi gözyaşlarıyla hande-i yâr

Bu oldu aşkımızın en güzel güvâhı yine

Hadeng-i gamze-i nâzınla ey nihâl-i emel!

Vuruldu âşıkının kalb-i nâle-gâhı yine

Karâr-yâb olamam! Remziyâ bu yerlerde

Tahattur eyledi âvâre dil o mâhî yine

Güvâh: Şahit, delil, tanık

Hadeng: 1. Kayın ağacı. 2. Kayın ağacından yapılmış ok.

Sirişt: Yaradılış, tabiat, huy.

Sûd: Fayda, kazanç.

Tegâful: Gaflet içindeymiş gibi davranma.

Aheng-i Hazîn:

Hazân-sirişt-i melâl etdi baht-ı zâr beni

"Havâda yaprağa döndürdü rüzgâr beni"

Hayâl-i yâr, o vefâ-kâr-ı şâhid-i ilhâm

Sabah vakti eder böyle bî-karâr beni

Bahârımın bana son yâdigârıdır bu çiçek!

Bu gün yine beni ağlatdı, nev-bahâr beni

Şebâbımın bana bir sûdu var mıdır? Heyhât!..

Seher, tülû' edemez şimdi neşve-dâr beni

Ne âşıkâne emel Remziyâ! Mezârımda

Yazarsa ehl-i sühan: bir şehîd-i yâr!.. beni

نوربارهٔ عرفان حقی بك قارده‌شمه،

جناب فضولينك برغزل عاشقانه‌سنی تقليد :

نور حسننك لحظه لحظه ایله‌یور حیران بنی

یار ! . . بر علوی نكاهك قيلدی سرگردان بنی

كوزلرگدن موج موج انوار آقار ای رشك حور!

كوزلرگدر ! ایله‌ین مسحور حسن و آن بنی

زار زارم دیكله‌مز‌سك آه آتشبارمی

ذوق آليرسك غالبا كوردكجه دل كریان بنی

ایتمه‌دك بر کرز ترحم آه ! . . برق آهمه

دردنا کم اولدورور هر کون غم هجران بنی

افتخار ایلر ایدم اولسه‌م : شهيد یار بن !

جانفدایم ! . . ایله الله عشقنه قربان بنی

ژاله‌هٔ اشكم کوروب طعن ایتمه‌یك ای دوستلر !

مست سرشار ایتدی زیرا : بر لب خندان بنی

رمزیا ! غمدیدیم ، مفتور بر نالنده‌یم

کورمدی اول شوخ درد ! . . وصله شایان بنی

◆◆◆

اعلان سودا !

محبوب شفق ، پری‌ٔ نازان

نازان نازان اولوردی خندان

قالدم ! ینه مست ولال ، حیران

Nûr-pâre-i İrfân Hakkı Bey kardeşime
Cenâb Fuzûlî'nin Bir Gazel-i Âşıkânesini Taklîd:

Nûr-ı hüsnün lahza lahza eyliyor hayrân beni

Yâr!.. bir ulvî nigâhın kıldı ser-gerdân beni

Gözlerinden mevc mevc envâr akar ey reşk-i hûr!

Gözlerindir! Eyleyen meshûr hüsn ü ân beni

Zâr-ı zârım dinlemezsin âh âteş-bârımı

Zevk alırsın gâlibâ gördükçe dil-i giryân beni

Etmedin bir kez terahhum âh!.. bark-ı âhıma

Derdinâkım öldürür her gün gam-ı hicrân beni

İftihar eyler idim olsam: şehîd-i yâr ben!

Can-fedâyım!.. eyle Allah aşkına kurbân beni

Jâle-i eşkim görüp ta'n etmeyin ey dostlar!

Mest-i ser-şâr etdi zîrâ: bir leb-i handân beni

Remziyâ! Gam-dîdeyim, meftûr bir nâlendeyim

Görmedi ol şûh-ı derd!.. vaslına şâyân beni

İ'lân-ı Sevdâ!

Mahbûb-ı şafak, perî-i nâzân

Nâzân nâzân olurdu handân

Kaldım! Yine mest ü lâl, hayrân

Hûr: 1. Âhû
gözlüler,
gözlerinin akı
karasından çok
olanlar. 2.
Cennet kızları,
huriler.

Reşk: 1.
Kıskanma,
hased günü. 2.
Kıskanılmış.

Ser-gerdân: 1.
Başı dönen,
sersem, şaşkın 2.
Perişan.

Ser-şar: 1.
Ağzına kadar
dolu, taşkın. 2.
Sınırı aşan, ileri
giden.

Ta'n: Ayıplama.

Terahhum:
Merhamet etme,
acıma.

مخموری ٔ صبحه قارشی جانان
سودالری ایله یوردی اعلان !

§

اوچقده لبنده پنبه بر نور !
تأثیرده ـ صانکه ـ شعر منثور !
شاعرلری ایتمه سونمی ؟ مسحور ! . .
مخموری ٔ صبحه قارشی جانان
سودالری ایله یوردی اعلان !

§

حسننده کی ساحرانه سودا
چشمنده کی رنك نشوه پیرا
دلخسته لری ایدردی احیا !
مخموری ٔ صبحه قارشی جانان
سودالری ایله یوردی اعلان !

§

بر تولی تبسمیله کاهی
كولدورمه ده قلب غمپناهی
دل چكمه ده کیزلی کیزلی آهی
مخموری ٔ صبحه قارشی جانان
سودالری ایله یوردی اعلان !

§

Sânihâtım _____ 30

Mahmûrî-i subha karşı cânân
Sevdâları eyliyordu i'lân!

Uçmakda lebinde penbe bir nûr!
Te'sîrde –sân ki- şi'r-i mensûr!
Şâ'irleri etmesün mü? Meshûr!..

Mahmûrî-i subha karşı cânân
Sevdâları eyliyordu i'lân!

Hüsnündeki sâhirâne sevdâ
Çeşmindeki reng-i neşve-pîrâ
Dil-hasteleri ederdi ihyâ!

Mahmûrî-i subha karşı cânân
Sevdâları eyliyordu i'lân!

Pertevli tebessümüyle gâhî
Güldürmede kalb-i gam-penâhı
Dil çekmede gizli gizli âhı

Mahmûrî-i subha karşı cânân
Sevdâları eyliyordu i'lân!

Mahmur 1. Sarhoşluğun
verdiği sersemlik. 2.
Uyku basmış, ağırlaşmış
göz, baygın göz.

Mensur: 1. Saçılmış,
dağılmış. 2. Manzum
olmayan, vezinsiz,
kafiyesiz söz.

Pertev: 1. Işık, parlaklık,
yalım. 2. Erkek adı.

(يارم) ! . . ديدم كه : پك وفالى !
(دلير) طانيرم كه : لاابالى !
. . چلر طانغديق . . سحر ادالى !
مخمورئ صبحه قارشى جانان
سودالرى ايله يوردى اعلان !

شاعر مادرزاد اسماعيل صفا بك افندينك
بر غزل بليغانه لرينه نظيره در

او ، بى امان ينه قان دوكمه يه بهانه آرار !
شهيد غمزه يه بيداد ايچون دها : نه آرار ؟
كزه در سمايى غريبانه آه ايدر كاهى
او ، مائى كوزلره كوكلم كه : برنشانه آرار !
درچشم حسرت زارم ــ كه والهانه باقار ! ـ
ـ جم"، خنده نثارنده آب و دانه آرار !
قراريات اولاماز ــ كريه بار هجراندر ! ..
غريب دل خم زلفنده آشيانه آرار !

مقبردن بر صدا :

آه ! . . رؤيا كبى كذار ايتدى
عمرمك الك سويملى اسحارى .

Sânihâtım _____ 31

(Yarim)!.. diyemem ki: pek vefâlı!

(Dilber) tanırım ki: lâübâlî!

Saçlar dağınık.. seher edâlı

Mahmûrî-i subha karşı cânân

Sevdâları eyliyordu i'lân!

Şâ'ir-i Mâder-zâd İsmail Safâ Beyefendi'nin
Bir Gazel-i Belîgânelerine Nazîredir

O, bî-emân yine kan dökmeye bahâne arar!

Şehîd-i gamzeye bî-dâd içün daha: ne arar?

Gezer semâyı garîbâne âh eder gâhî

O, mâ'î gözlere gönlüm ki: bir nişâne arar!

Dû-çeşm-i hasret zârım –ki vâlihâne bakar!-

Cemâl-i hande-nisârında âb u dâne arar!

Karâr-yâb olamaz –girye-bâr-ı hicrândır!..

Garîb dil ham-ı zülfünde âşiyâne arar!

Makberden Bir Sadâ

Âh!... rü'yâ gibi güzâr etdi

Ömrümün en sevimli eshârı.

Bî-dâd: 1. Zulüm,
işkence. 2. Zâlim.

Eshâr: Sabahlar,
sabah vakitleri.

Ham: Bükülmüş,
kemerli.

Mâder-zâd:
Anadan doğup
büyüme.

Nisâr: Saçma,
serpme.

Vâlihâne:
Şaşkınca, şaşırmış
olarak.

بڭا یاد ایت ! . . حزین حزین باری
آه ! . . ای كلبن بهار امل ،
بر كون اولسون مطاف قبرمه كل !

✾

كیجه یاریسی متأثرانه بر سویلهنش

لیال شوق وصالڭ خیال قالمشدر !
كوڭلمده یاد حزینڭ : ملال قالمشدر !
بهار خندهكی یاد ایلهمك صباحه قدر
دل غریبمه بر حسبحال قالمشدر!
درین فغان ایله دلسوز نالهمڭ رمزی:
قلم ، مصوری اولقده : لال قالمشدر!

〰〰〰

تضاد حس

روح : مسحور نجمم خالكدر !
غمكسارم : حزین خیالكدر !
وجد ایله ایلهین بڭا انطاق
شوخ ، بر ساحرانه حالكدر !
شاهد نشوهدار الهام :
كوزلرڭ ، حسن بیمثالكدر !
صاچلرڭ ، لوحه لوحه ازهارڭ

Sânihâtım _____ ____ 32

Beni yâd et!.. hazîn hazîn bârî

Âh!.. ey gülbün-i bahâr-ı emel,

Bir gün olsun mutâf-ı kabrime gel!

Gece Yarısı Müte'essirâne Bir Söyleniş

Leyâl-i şevk-i visâlin hayâl kalmışdır!

Gönülde yâd-ı hazînin: melâl kalmışdır!

Bahâr-ı hândeni yâd eylemek sabâha kadar

Dil-i garîbime bir hasbihâl kalmışdır!

Derîn figân ile dilsûz nâlemin Remzi!

Kalem, musavveri olmakda: lâl kalmışdır!

Tezâd His

Rûh: meshûr-ı necm-i hâlindir!

Gam-küsâr: hazîn-i hayâlindir!

Vecd ile eyleyen beni intâk

Şûh, bir sâhirâne hâlindir!

Şâhid-i neşve-dâr ilhâmım:

Gözlerin, hüsn-i bî-misâlindir!

Saçların, levha levha ezhârın

Gülbün: Gül ağacı.

İntâk: Söyletme, dile getirme, söyletilme.

Leyâl: Geceler.

Melâl: 1. Usanç, usanma, bıkma. 2. Sıkılma, sıkıntı.

Mutâf: Tavaf edilecek, etrafı dolaşıp ziyaret edilecek yer.

Vecd: 1. Kendinden geçecek derecede dalgınlık. 2. Kendini kaybedercesine ilâhî aşka dalma. 3. Aşırı heyecan.

سوديكم ! . . شعر ذى مآلكدر !

روح : كريئدهٔ غرامكدر !

روح : لرزندهٔ جلالكدر

كيزلهين صبح نشئه پروركى

ابر پرّندهٔ جمالكدر !

وعدايدن بر امل ، حيات بگا

يار ! . . برطاقلى حسبحالكدر!

شفقڭ پنبه پنبه الواحى

عكس رنڭ عذار آلكدر

§

روحمى ، قلبمى بوتون ابكا

ايدهجك .٠ چهرهٔ ملالكدر ! ..

بر ظلام ايچره آشكارادر !

او ، سنڭ ... حجلهٔ وصالكدر

حس فرياد شاعرانهم آه ! ..

سنڭ مقبرده پايمالكدر !

آغلايان : سربخاك هجرانڭ

عاشقڭ ، بر شكسته بالكدر !

سگا يازدم ! بو شعر محزونى

غمكسارم ! حزين خيالكدر ! ..

Sânihâtım _____ 33

Sevdiğim!... şi'ir zî-me'âlindir!

Rûh: giryende-i garâmındır!

Rûh: lerzende-i celâlindir

Gizleyen subh-ı neş'e-i perverini

Ebr-i perrende-i cemâlindir!

Va'd eden bir emel, hayât bana

Yâr!.. bir tatlı hasbihâlindir!

Şafakın penbe penbe elvâhı

Aks-i reng-i izâr-ı âlindir

Rûhumu, kalbimi bütün ibkâ

Edecek... çehre-i melâlindir!..

Bir zalâm içre âşikârdır!

O, senin... hacle-i visâlindir

Hiss-i feryâd-ı şâ'irânem âh!..

Senin makberde pây-mâlindir!..

Ağlayan: serb-i hâk-i hicrânın

Âşıkın, bir şikeste-bâlindir!

Sana yazdım! Bu şi'r-i mahzûnu

Gam-küsârım! Hazîn-i hayâlindir!..

Bâl: Gönül, kalp.

Hacle: Gelin odası, gerdek.

Perrende: Uçucu, uçan.

Serb-i hak: 1. Toprağa düşmüş selvi. 2. Hicran ve ayrılık acısıyla yere başını toprağa koyup ağlayan.

Şikeste: 1. Kırık, kırılmış. 2. Yenilmiş.

مزاردن بر سس :

موحش ، حزين فغان ايله بر سرو سايه‌دار
سويلر ملال عشقمى ، ديكلر فغانمى
اولدم ! .. هنوز بيتمه‌دى روحده آه وزار
بن كورمه‌دن بهاريمى كوردم خزانمى

────•••••

اى خرامنده‌ء ناز ! ..

نه او، صف صف مژه‌لر چشم سياهكده سنك
نه بو، افسون دل آشوب نكاهكده سنك !
خون فشانلقله مباهى اوليبور غمزه‌لرك
بن دخى جان ويرديم! .. شوق ايله راهكده سنك
كيم ديمش؟ يوق! .. مرض عشقمه درمان، واردرڭ
سكرين لعل لب نشوه پناهكده سنك
آه ! .. بيلمم كه : رخ انوركك عكسيمى‌در ؟
پنبه بر نور اوچيوردى خوابكاهكده سنك
اوقونور حزن غريبانه سودا : رمزى !
صبحدم كريه‌لركده ، كيجه آهكده سنك

────•••••

ينه !

داغيتدى عقلمى اول شوخ فتنه‌كار ينه
كوكلده باشلادى سوزشلى آه وزار ينه

Sânihâtım _____ 34

Mezardan Bir Ses:

Muvahhiş, hazîn-i figân ile bir serv-i sâye-dâr

Söyler melâl-i aşkımı, dinler figânımı

Öldüm!.. henüz bitmedi rûhumda âh u zâr

Ben görmeden bahârımı gördüm hazânımı

Ey Hırâmende-i Nâz!..

Ne o, saf saf müjeler çeşm-i siyâhında senin

Ne bu, efsûn dil-âşûb-ı nigâhında senin!

Hûn-feşânlıkla mübâhî oluyor gamzelerin

Ben dahi can vereyim!.. şevk ile râhında senin

Kim demiş? Yok!.. maraz-ı aşkıma dermân, vardır

Sükkerîn la'li-i leb-i neşve-penâhında senin

Âh!.. bilmem ki: ruh-ı enverinin aksi midir?

Penbe bir nûr uçuyordu hâb-gâhında senin

Okunur hüzn-ı garîbâne-i sevdâ: Remzi!

Subh-dem giryelerinde, gece âhında senin

Yine!

Dağıtdı aklımı ol şûh-ı fitne-kâr yine

Gönülde başladı sûzişli âh u zâr yine

Dil-âşûb: 1. Gönüle sıkıntı veren, yüreği sıkan. 2. Gönülü karıştıran, kalbi meftun eden [güzel].

Hırâmend: Nazlı nazlı salınan

Hûn-feşân: Kan saçan.

Mübâhî: Övünen.

Müje: Kirpik.

Muvahhiş: Vahşet getiren, korku veren.

Ruh: Yanak.

Serv-i sâye-dâr: Gölge veren servi.

Sükker: Şeker.

Sûziş: 1. Yanma, yakma. 2. Te'sîr etme, dokunma. 3. Yürek yanması, büyük acı.

كورونجه بن رخ پرتاب عشوهسن صانیرم !
آچیلدی بر كل نوخیز نوبهار ینه !
كورنجه آه ! . . او مخمور خنده كوزلرینی
بلایه دوشدی زواللی ! . . دل نزار ینه
نهدن نهدن ؟ او پریڭ، اونشنهور كوزلك
دوداقلرنده اوچار برق اغبرار ینه
نه خوش ترانه . . شطارتله اشتراك ایدیور !
صدای شوقه آواره بر هزار ینه !
كمال وجد ایله كلشنده سویلهدم رمزی !
بش، اون دقیقهده بر شعر افتخار ینه !

شاعر بلیغ معلم ناجی افندی مرحومڭ
بر غزللرینه نظیره

باق ! نه فتان اولدی اول مست آلهی كوزلرڭ !
ایلهدی مجروح . . . قلب نالهكاهی كوزلرڭ !
انعطاف ایتدكجه یان یان ای یمه وجد افروز
تازهلر زخم دل سوداپناهی كوزلرڭ !
كاه درد عشق ایله محزون آغلایور
نشوهدار ابتسام اولدقده كاهی كوزلرڭ !
ای پری آسمان ! بر لحظه الله عشقنه

Görünce ben ruh-ı pür-tâb işvesin sanırım!

Açıldı bir gül-i nev-hîz-i nev-bahâr yine!

Görünce âh!.. o mahmûr hande gözlerini

Belâya düşdü zavallı!.. dil-i nizâr yine

Neden neden? O perînin, o neş'e-ver güzelin

Dudaklarında uçar bark-ı iğbirâr yine

Ne hoş terâne.. şetâretle iştirâk ediyor!

Sadâ-yı şevkime âvâre bir hezâr yine!

Kemâl-i vecd ile gülşende söyledim Remzi!

Beş, on dakîkada bir şi'r-i iftihâr yine!

Şâ'ir-i Beliğ Mu'allim Nâcî Efendi Merhûmun

Bir Gazellerine Nazîre

Bak! Ne fettân oldu ol mest-i âlihî gözlerin!

Eyledi mecrûh... kalb-i nâle-gâhı gözlerin!

İn'itâf ettikce yan yan ey meh-i vicdân-fîrûz!

Tâzeler zahm-ı dil sevdâ-penâhı gözlerin!

Gâh derd-i aşk ile mahzûn mahzûn ağlıyor!

Neşve-dâr-ı ibtisâm olmakda gâhî gözlerin!

Ey perî-i âsmân! Bir lahza Allah aşkına

Dil-i nizâr: kederli gönül, zavallı gönül.

İğbirâr: 1. Gubarlanma, tozlanma. 2. Kırılma, gücenme.

in'itâf: 1. Temayül, bir tarafa dönme. 2. Bükülme, iki kat olma.

Nev-hiz: 1. Yeni yetişmiş, yeni çıkmış. 2. Genç, taze.

Şetâret: Neşe, şenlik, sevinç.

ايته‌سون عشاقى محروم نكاهى كوزلرك
قطره قطره اشك خونابن دوكر افتاده‌لر
نيم خواب ناز ايكن مست آلهى كوزلرك
رمزى‌ء شيدا كبى ـ اى غمزه‌سى بيداد يار! ـ
اولدى قربانك جهان اولسون مباهى كوزلرك

‏～～～～‏

معلم جودى افندى حضرتلرينك برغزللرينه
نظيره‌در :

صباح نشوهء ماضى . . ترسم ايتدى ينه
كوكلده نور محبت تجسم ايتدى ينه
بوتون محاسنى ، رنكين طلوعى آلقيشلار !
هزار، نغمهء عشقى ترنم ايتدى ينه
خيال كريه نوازك ، جمال خندانك
كنار افق سحردن تبسم ايتدى ينه
كورونجه بويله بنى: خسته، زرددرو، مغموم! . .
فغان روحمه ـ كويا ـ ترحم ايتدى ينه
ويرر سپهر خيالاته رمزيا ! وسعت
صباح نشوهء ماضى ترسم ايتدى ينه !

Etmesin uşşâkı mahrûm-ı nigâhî gözlerin

Katre katre eşk-i hûn-âbın döker üftâdeler

Nîm-hâb-ı nâz iken mest-i âlihî gözlerin

Remzi-i şeydâ gibi –Ey gamzesi bî-dâd yâr!-

Oldu kurbânın cihân olsun mübâhî gözlerin

Mu'allim Cûdi Efendi Hazretlerinin Bir Gazellerinc Nazîredir:

Sabâh neşve-i mâzî.. teressüm etdi yine

Gönülde nûr-ı muhabbet tecessüm etdi yine

Bütün mahâsini, rengîn-i tülû'u alkışlar!

Hezâr, nağme-i aşkı terennüm etdi yine

Hayâl-i girye-nüvâzın, cemâl-i handânın

Kenâr-ı ufk-ı seherden tebessüm etdi yine

Görünce böyle beni: hasta, zerd-rû, mağmûm!..

Figân-ı rûhuma –gûyâ- terahhum etdi yine

Verir sipihr-i hayâlâta Remziyâ! Vüs'at

Sabâh neşve-i mâzî teressüm etdi yine!

Hûn-âb: Kanlı gözyaşı.

Mağmum: 1. Gamlı, kederli, tasalı. 2. Bulutlu, kapalı, sıkıntılı.

Mahâsin: 1. Güzellikler. 2. Yüze güzellik veren sakal ve bıyık.

Nîm-hâb: Yarı uykulu, mahmur.

Sipihr: 1. Gök, asmân, semâ. 2. Talih.

Teressüm: Resimleşme, resim gibi şekillenme.

Üftâde: 1. Düşmüş, düşkün; biçâre. 2. Âşık. 3. Kadın adı.

Zerd-rû: Sarı, solgun yüzlü.

انين يأس :

بن كورمه‌دم ! . . بهاريى دور شبابمك
كوز ياشى ترجمانى اولور اضطرابمك
پايانى يوقمى ؟ هيچ غم آكترابمك
كام آلمادم ! . . ـ فلككه ـ زبون فلاكتم
آغلاتديرر دهاتى بو محزن حكايتم

§

بيلمم ! . . نه ايله‌دم بو جفايشه چرخه‌بن
بر خصم جان كبى بنى تعذيب ايدر نه‌دن ؟
روحم خفى خفى اولييور آه ! . . ناله‌زن
كام آلمادم ! . . فلككه زبون فلاكتم !
آغلاتديرر ! . . دهاتى بو محزن حكايتم

§

اولدم بلاى يأس ايله دمبسته‌ء ملال
قالدم ! بو شوره‌زارده حيفا شكسته بال
منظوردر اوزاقده او بدبخت بر خيال
كام آلمادم ! . . فلككه زبون فلاكتم
آغلاتديرر دهاتى بو محزن حكايتم

§

صبيح بهار چشممه : شام خزان اولور
باد اجل بم نظرمده وزان اولور !

Sânihâtım _____ 37

Enîn-i Ye's:

Ben görmedim!... bahârını devr-i şebâbımın

Gözyaşı tercümânı olur ızdırâbımın

Pâyânı yok mu? hiç gam-ı iktirâbımın

Kâm almadım!... –felekde- zebûn-ı felâketim

Ağlatdırır dühâtı bu muhzin hikâyetim

Bilmem!.. ne eyledim bu cefâ-pîşe çarha ben

Bir hasm-ı cân gibi beni ta'zîb eder neden?

Rûhum hafî hafî oluyor âh!.. nâle-zen

Kâm almadım!.. felekde zebûn-ı felâketim!

Ağlatdırır!.. dühâtı bu muhzin hikâyetim

Oldum belâ-yı ye's ile dem-beste-i melâl

Kaldım! Bu şûrezârda hayfâ şikeste bâl

Manzûrdur uzakda o bedbaht bir hayâl

Kâm almadım!.. felekde zebûn-ı felâketim!

Ağlatdırır!.. dühâtı bu muhzin hikâyetim

Subh-ı bahâr çeşmime: şâm-ı hazân olur

Bâd-ı ecel benim nazarımda vezzân olur!

Cefâ-pîşe: 1. Zâlim, gaddar. 2. Maşuk, sevilen, sevgili.

Dühât: Dehâ sahibi, son derece zeki, anlayışlı ve uyanık olanlar.

Enîn: İnilti, inleme.

İktirâb: Korkulu, gamlı, kederli bulunma.

Nâle-zen: İnleyen, inildeyen.

Pâyân: 1. Son, nihayet. 2. Uç, kenar. 3. Sofinin ulaşacağı birlik âlemi.

Şûre-zâr: Çoraklık yer.

Ta'zîb: Eziyet etme, boşuna yorma.

Vezzân: 1. Vezneden, tartan. 2. Kantarcı.

بر شاعره بو رتبه تأثیر زیان اولور ! . .

کام آلمادم ! . . فلككده زبون فلاكتم

آغلاتدیرر دهاتی بو محزن حكایتم

§

فریاد ! . . چرخ كینه‌ور بی‌ثباتدن

نفرت ! ! . . بو گریه‌بار، بو مظلم حیاتدن

امداد بكله‌رم ! . . بگا آرتیق مماتدن

کام آلمادم ! . . فلككده زبون فلاكتم !

آغلاتدیرر ! . . دهاتی بو محزن حكایتم

§

بر غمكسار قالمادی، یوق آشنالرم !

موج اورمه‌ده سماده غریو و بكالرم

صارمش امان ! . . چوره‌می درد و بلالرم

کام آلمادم ! . . فلككده زبون فلاكتم

آغلاتدیرر ! . . دهاتی بو محزن حكایتم

§

بر لحظه آه ! . . كوله‌یه‌جكمی : فلك بگا ؟

تدهیش ایدر حیاتمی بر صدمهٔ بلا !

عمرم توكندی . . یار كورونمزمی بر دها

کام آلمادم ! . . فلككده زبون فلاكتم

آغلاتدیرر ! . . دهاتی بو محزن حكایتم

❧❦❧

Sânihâtım _____ 38

Bir şâ'ire bu rütbe te'essür-ı ziyân olur!..

Kâm almadım!.. felekde zebûn-ı felâketim!

Ağlatdırır!.. dühâtı bu muhzin hikâyetim

Feryâd!.. çarh-ı kîne-ver bî sebâtdan

Nefret!!.. bu girye-bâr, bu muzlim hayâtdan

İmdâd beklerim!.. bana artık memâtdan

Kâm almadım!.. felekde zebûn-ı felâketim!

Ağlatdırır!.. dühâtı bu muhzin hikâyetim

Bir gam-küsâr kalmadı, yok âşinâlarım!

Mevc urmada semâda girîv ü bekâlarım

Sarmış aman! Çevremi derd ü belâlarım

Kâm almadım!.. felekde zebûn-ı felâketim!

Ağlatdırır!.. dühâtı bu muhzin hikâyetim

Bir lahza âh!.. gülmeyecek mi: felek bana?

Tedhîş eder hayâtımı bir sadme-i belâ!

Ömrüm tükendi.. yâr görünmez mi bir daha

Kâm almadım!.. felekde zebûn-ı felâketim!

Ağlatdırır!.. dühâtı bu muhzin hikâyetim

Dühât: Dehâ sahibi, son derece zeki, anlayışlı ve uyanık olanlar.

Girîv: Bağırma, bağrışma.

Kîne-ver: Kinci, kin tutan, kin besleyen.

Sadme: 1. Çarpma, tokuşma, çatma. 2. Ansızın başa gelen belâ. 3. Kım, patlama.

Tedhîş: Dehşet verme, dehşete düşürme; şaşırtma, korkutma, yıldırma.

عشق اولماسەیدی ؟ ! . . .

ـ آه شبكیر ایله ـ كوز یاشی روان ایتمز ایدم

كاه ، بیكاه ضریبانه فغان ایتمز ایدم

بویله كریانلغی وار اولدیغنی بیلسەیدم

عشقنه : قلب خرابمده مكان ایتمز ایدم !

ایكی روحك سحری نالشنی دویسەیدم

درد پنهانمی دلداره عیان ایتمز ایدم

كورمسەیدم : او مهی ابرسیاه ایچره نهان

ـ غمِ سودا ایله ـ بن باغرمی قان ایتمز ایدم !

كورمسەیدم : كل نازانمی همرنك ملال

برك امیدمی پامال خزان ایتمز ایدم !

بكا بر لحظه امان ویرسه ایدی آه ! . . زمان

ومزیا ! طالع زارمدن امان . . . ایتمز ایدم

──❧──

ـ حقی پاشازاده شاعر نزیه المقال محمد جلال بك افندیه ـ

لامعۀ نظائر

كوزلسك ! . .

كوزلسك ! . . نوبهارك دلربا، سودالی حالندن

كوزلسك ! . . صبح سودانك املیرا ظلالندن

اتیری بر لطافت وار ! لقای تابنا ككده

Sânihâtım _____ 39

Aşk Olmasaydı?!...

-Âh-ı şeb-gîr ile- gözyaşı revân etmez idim

Gâh, bî-gâh garîbâne figân etmez idim

Böyle giryanlığı var olduğunu bilseydim

Aşkına: kalb-i harâbımda mekân etmez idim!

İki rûhun seheri nâlişini duysaydım

Derd-i pinhânımı dil-dâra ayân etmez idim

Görmeseydim: o mühî ebr-i siyâh içre nihân

-Gam-ı sevdâ ile- ben bağrımı kân etmez idim!

Görmeseydim: gül-i nâzânımı hem-reng-i melâl

Berk-i ümidimi pâ-mâl-i hazân etmez idim!

Bana bir lahza amân verse idi âh!.. zamân

Remziyâ! Tâli'-i zârımdan amân... etmez idim.

Hakkı Paşazâde Şâ'ir-i Nezîhü'l-Mekâl
Mehmed Celal Bey Efendi'ye Lâhıka-i Nezâ'ir

Güzelsin!..

Güzelsin!.. nev-bahârın dil-rübâ, sevdâlı hâlinden

Güzelsin!.. subh-ı sevdânın emel-pîrâ zülâlinden

Esîrî bir letâfet var! Likâ-yı tâb-nâkında

Mühî: Canlandıran, ihyâ eden, dirilten, taze hissiyât bahşeden.

Nâlis: İnleyiş, inleme, iniltı.

Pâ-mâl: Ayak altında kalmış, çiğnenmiş.

Pinhân: Gizli.

Şeb-gîr: 1. Gece uyumayan. 2. Gece giden kervan. 3. Sabah vakti. 4. Sabah kuşu.

Tâb-nâk: Parlak, ışıklı.

Zülâl: Saf, hafif, soğuk, güzel, tatlı su.

كوزلك ! . . بر سحرپيرا سمانك ابر آلندن
تماشاى جمالك ايلهيور الهام حسيات
كوزلك ! . . بر صباح نشئه‌دارك نوهلالندن
خرامك قلبمى اوقشار، نكاهك روح غشى ايلر!
كوزلك ! . . جنتك ـ مستى فزا ـ بر نونهالندن
كوزلك ـ بنجه ـ روح شاعريت سنسك اى دلدار!
كوزلك ! . . برطلوعك رنك سودا اشتعالندن
كوزللك وصف حسنكده قالير بر لفظ بى‌معنى
كوزلك ! . . بر پرينك شعر حسن ذى‌مألندن

❧❧❧

كوكلمه !

بايغين نكاهك ايلهدى تأثير كوكلمه
صابالاندى ـ آه ! . . ـ ناوك تسخير كوكلمه
معنالى، مائى كوزلرك اى مهلقا ! سنك
اسرار عشقى ايتمه‌ده تقرير كوكلمه
عيناً كوروبده صفحهٔ رويكده، ايلهدم :
شهمصرع محبتى . . . تزيين كوكلمه
كيرپيك سوزشلرك، ملكانه ادالرك
آكلاتدى نولديغين دخى تسخير كوكلمه
الهام شاعريت ايدن ـ نازلى سوديكم ! ـ
بايغين نكاهك ايلهدى تأثير كوكلمه

❧❧❧

Sânihâtım _____ 40

Güzelsin!... bir seher pîrâ semânın ebr-i âlinden

Temâşâ-yı cemâlin eyliyor ilhâm-ı hissiyât

Güzelsin!.. bir sabâh-ı neş'e-dârın nev-hilâlinden

Hirâmın kalbimi okşar, nigâhın rûhu gaşy eyler!

Güzelsin!.. cennetin –mestî-i fezâ- bir nev-nihâlinden

Güzelsin- bence- rûh-i şâ'iriyet sensin ey dildâr!

Güzelsin!.. bir tulû'un reng-i sevdâ iştimâlinden

Güzellik vasf-ı hüsnünde kalır bir lafz-ı bî-ma'nâ

Güzelsin!.. bir perînin şi'r-i hüsn-ı zî-me'âlinden

Gönlüme!

Baygın nigâhın eyledi te'sîr gönlüme

Saplandı –âh!.. –nâvek-i teshîr gönlüme

Ma'nâlı, mâ'î gözlerin ey Mehlika! Senin

Esrâr-ı aşkı etmede takrîr gönlüme

Aynen görüb de safha-i rûyunda, eyledim:

Şeh-mısra'-i muhabbeti... tezbîr gönlüme

Kirpik sûzişlerin, melekâne edâların

Anlatdı nolduğın dahî teshîr gönlüme

İlhâm-i şâ'iriyet eden –nazlı sevdiğim!-

Baygın nigâhın eyledi te'sîr gönlüme

Gaşy: Kendinden geçme, bayılma.

Hirâm: Salınma, salınarak edalı edalı yürüme.

İştimâl: 1. Şâmil olma, kaplama, içine alma. 2. Çevirme.

Nâvek: Okun ucundaki sivri demir.

Nigâh: Bakış, bakma.

Rûy: Yüz.

Şeh-mısra: Mısra-i berceste; En güzel ve benzersiz şekilde söylenmiş tek dize.

Teshir: Büyü yapma, büyüleme, aldatma, aldatılma, kendini bağlama.

Tezbîr: Yazma, yazılma.

او ، بيكانهٔ سودا :

بر نكاهيله بنى ايلهمدى شاد هنوز ! . .
اهتزاز ايتمهده روحمدهكى فرياد هنوز !
كوكلمى قيلدى او، مخمور تبسمله خراب!...
باقمادى حالمه بركره او بيداد هنوز !
ياره ذوق آور اولورمش سحرى نالهلرم
اولمادم ! . . كريه ايله نوحهدن آزاد هنوز
كوه عشقنده خزانمله بهارم يردر !
كورمهدى كهنه جهان بن كبى فرهاد هنوز !
بنى ويرانه دل ايتدى او، سحنكو كوزلر
آه ! . . رمزى ! نه ايچون ايتمهدى آباد هنوز

ـــــــــــ

اى شوخ ! . .

اى شوخ ! سوزمه چشمكى دل ياره لمسون
روحم ! داغيتمه زلفكى آواره لمسون
الله ايچون بيراقما بنى، كيتمه سوديكم !
بختم شب فراقك ايله قاره لمسون !
جوششفزاى كريهٔ سودا اولور مدام ! . .
غمزهك خطاب ناز ايله سحاره لمسون
رحم ايله ـ باقده حالمه ـ اى غنجه پيرهن !

O, Bîgâne-i Sevdâ:

Bir nigâhıyla beni eylemedi şâd henüz!..

İhtizâz etmede rûhumdaki feryâd henüz!

Gönlümü kıldı o, mahmûr tebessümle harâb!...

Bakmadı hâlime bir kere o bî-dâd henüz!

Yâre zevk-âver olurmuş seherî nâlelerim

Olmadım!.. girye ile nevhadan âzâd henüz

Kûh-ı aşkında hazânımla bahârım birdir!

Görmedi köhne cihân ben gibi Ferhâd henüz!

Beni vîrâne dil etdi o, sühan-gû gözler

Âh!... Remzi! Ne içün etmedi âbâd henüz

Ey Şûh!..

Ey şûh! Süzme çeşmini dil yârelenmesün

Ruhum! Dağıtma zülfünü âvârelenmesün

Allah içün bırakma beni, gitme sevdiğim!

Bahtım şeb-i fırâkın ile kârelenmesün!

Cûşiş-fezâ-yı girye-i sevdâ olur müdâm!..

Gamzen hitâb-ı nâz ile sehhârelenmesün

Rahm eyle –bak da hâlime- ey gonca pîrehen!

Cûşiş: Coşma, kaynama.

İhtizâz: Titreme.

Müdâm: 1. devam eden, süren, sürekli. 2. devam eden, arası kesilmeyen.

Nevha: Ölüye sesle ağlama.

Pirehen: Gömlek.

Sehhâre: Büyüleyici, çok güzel mânâsına kadın adı.

Sühan-gû: Söz söyleyen, söz söyleyici.

شاعر بو ناله‌کاه‌ده بی‌چاره‌لنمسون
ذاتاً عذاب عشقک ایله پاره پاره‌در ؟
تیر ستمله قلب حزین پاره‌لنمسون !
ایلر حرام عاشقه خواب شبانه‌یی
بیتاب عشوه دیده‌لرک آره‌لنمسون
رمزی ! تخطر ایلمه گچمش زمانلری
اشکباب حسرتم ینه فوّاره‌لنمسون !

✦✦✦✦

کوزه‌لم ! ..

گلزار خیالمده‌کی نورابهٔ حسنک ،
بر شاعر حسپروری انطاق ایدر البت ! ..

✦✦✦✦

بر کره ! ..

نه‌دن ؟ اولماز شو قلب ناله‌کارم شاد بر کره
نیچون ویرانه کوکلم اولمیور آباد بر کره ؟
بتیش ای ساقیٔ گل‌چهره ! بر شوخانه خنده‌کله
خرابات اهلنک قیل‌نشوه‌سن مزداد بر کره

Sânihâtım _____ 42

Şâ'ir bu nâle-gâhda bî-çârelenmesün

Zâten azâb-ı aşkın ile pâre pâredir!

Tîr-i sitemle kalb-i hazîn pârelenmesün!

Eyler haram âşıka hâb-ı şebâneyi

Bî-tâb işve dîdelerin aralanmasun

Remzi! Tahattur eyleme geçmiş zamanları

Eşk-âb-ı hasretim yine fevvârelenmesün!

Güzelim!..

Gülzâr-ı hayâlimdeki nûrâbe-i hüsnün,

Bir şâ'ir-i his-perveri intâk eder elbet!..

Bir kere!..

Neden! Olmaz şu kalb-i nâle-kârım şâd bir kere

Niçün vîrâne gönlüm olmuyor âbâd bir kere?

Yetiş ey sâkî-i gül-çehre! Bir şûhâne handenle

Harâbât ehlinin kıl neşvesin müzdâd bir kere

Fevvâre: İçinden su fışkıran şey, fıskiye.

Müzdâd: Ziyâdeleşmiş, artmış, çoğalmış.

Nâle-kâr: İnleyen.

Nûrâbe: Kutsal sudan (sıvı) ışık.

Şebâne: 1. Geceye ait, gece ile ilgili, gecelik, gece vakti olan. 2. Geceden kalma.

بر خسته لسانندن :

شفق یاناقلی ، کوزل بر طبیب نورسته
مریض عشقی تداویده لال قالمشدر !
لبنده واردی روانبخش بر دوا ، اما
دیدی : امید افاقت محال قالمشدر !
آلنجه بویله جوابی طبیب وصلتدن
دریغ ! . . خسته کوکلی برملال قالمشدر !

———————

بر زمزمهٔ حامدانهیی تقلید:

مفتون اولور خرامکزه ، خوش اداکزه
دللر «محبت» ائتمهده حوری لقاکزه
وجه قمر مثالکزی کورمهدن سزک
اولمش ایدم : فریفته محرق صداکزه
قاتمرله نیر شکوفهٔ عمرم زمان زمان
بآقدقچه بن او ؛ چشم سحر انماکزه
بیکانهلرله ترک ایدیکز آشنالغی
« بیکانه اولمایك بو قدر آشناکزه »
رمزیٔ زاری طاتلی ، حزین بر نکاهکز
قیلدی اسیر : غمزهٔ «خوشتر» اداکزه [*]

———————

[*] یاخود: مسحور قیلدی غمزهٔ سودا فزاکزه

Bir Hasta Lisânından:

Şafak yanaklı, güzel bir tabîb-i nev-reste

Marîz-i aşkı tedâvîde lâl kalmışdır!

Lebinde vardı revân-bahş bir devâ, ammâ

Dedi: ümîd-i ifâkat muhal kalmışdır!

Alınca böyle cevâbı tabîb-i vuslatdan

Diriğ!.. hasta gönül pür-melâl kalmışdır!

Bir Zemzeme-i Hâmidâneyi Taklîd:

Meftûn olur hirâmınıza, hoş edânıza

Diller "muhabbet" etmede hûri likânıza

Vech-i kamer misâlinizi görmeden sizin

Olmuş idim: firîfte muhrik sadânıza

Katmerlenir şükûfe-i ömrüm zamân zamân

Bakdıkça ben o, çeşm-i sihr-intimânıza

Bî-gânelerle terk ediniz âşinâlığı

"Bî-gâne olmayın bu kadar âşinânıza"

Remzi-i zârı tatlı, hazîn bir nigâhınız

Kıldı esîr: gamze-i "hûş-ter" edânıza [*]

---

[*] Yâhûd: meshûr kıldı gamze-i sevdâ fezânıza

Dirig: 1. Esirgeme. 2. Eyvah, ah, aman, yazık. 3. Men etme, önleme.

Firifte: Aldatılmış, kandırılmış, aldanmış.

İfâkat: 1. Hasta, iyi olma, iyiliğe dönme. 2. Sarhoşluktan veya baygınlıktan ayılma.

İntimâ': 1. Kuş, bir yerden uçup, başka bir yere konma. 2. Birine mensûb olma.

Nev-reste: Yeni bitmiş, yeni yetişmiş, yeni meydana gelmiş.

Şükûfe: Çiçek.

غزل :

باعث فرياد جانان ! درد حسرتدر بكا
حزن هجرانك سنك اوزكه فلاكتدر بكا
چكديكم محنت ، بلا چرخاك الدن بى حساب
هريجن آموزى بدهراك وقف حيرتدر . . . بكا
كام نشه خاطر بيمارمه بيكانه در !
كوسترن ذنيايى ماتمزار : فرقتدر بكا
آغلارم!.. روحمده وار برسر مدى هجران زار
رمزيا ! كوز ياشلرى : موهوب فطرتدر بكا

❦

بر ياوهٔ مستانه :

دم سحرده غريبانه كريه بار اولورم !
خيال زلفك ايله بويله بى قرار اولورم !
او، شوخ خنده، نكاه املفزا ايله بن
بو كهنه خاكده البته كامكار اولورم
نه غم!.. اولورسه بكا طعنهزن بو كون هركس
رحيق عشقك ايله رند لايخوار اولورم
او رند عاشق مستم كه : دائما رمزى !
المده ساغر صحبتله دمكذار اولورم

❦

Sânihâtım _____ 44

Gazel:

Bâ'is-i feryâd-ı canân! Derd-i hasretdir bana

Hüzn-ı hicrânın senin, özge felâketdir bana

Çekdiğim mihnet, belâ çarhın elinden bî-hesâb

Her mihen-âmûzı dehrin vakf-ı hayretdir... bana

Kâm-ı neş'e hâtır-ı bî-mârıma bî-gânedir!

Gösteren dünyâyı mâtem-zâr: fırkatdir bana

Ağlarım!.. rûhumda vâr bir sermedî hicrân zâr

Remziyâ! Gözyaşları: mevhûb-ı fıtratdır bana

Bir Yâve-i Mestâne:

Dem-i seherde garîbâne girye-bâr olurum!

Hayâl-i zülfün ile böyle bî-karâr olurum!

O, şûh hânde, nigâh-ı emel-fezâ ile ben

Bu köhne hâkde elbette kâm-kâr olurum

Ne gam!.. olursa bana ta'ne-zen bugün herkes

Rahîk-i aşkın ile rind-i lây-hâr olurum

O rind-i âşık-ı mestim ki: dâ'imâ Remzi!

Elimde sâgar sohbetle dem-güzâr olurum

Bâ'is: 1. Sebep olan.
2. Gönderen. 3.
Gerektiren.

Dem-güzâr: Vakit
geçiren, yaşayan.

Lây-hâr: Tortu içen;
şarap tortusunu
içecek kadar ayyaş.

Mevhûb: Hibe
olunmuş, ihsan
edilmiş, verilmiş.
Karşılıksız olarak
birine verilmiş.

Mihen-âmûz:
Eziyetleri,
meşakkatleri,
sıkıntıları öğreten.

Mihnet: 1. Zahmet,
eziyet. 2. Gam,
musibet, keder,
sıkıntı, dert. 3. Belâ.

Rahîk: [kızıl renkli]
duru ve temiz şarap.

Rind: Derviş.

Sâgar: 1. Kadeh, içki
bardağı. 2. Allah'ın
nuru ile dolan insan
gönlü.

Sermed: 1. Daimi,
sürekli. 2. Erkek adı.

Ta'ne-zen: Söven;
zemmeden,
çekiştiren, yeren.

نغمهٔ تأثر !

كوز ياشلرى قطره قطره لرزان !
سويلر غم عشقى : چشم گريان !
حسم قورودى ! . . ملول وزارم
بر مقبره كيردى نوبهارم !
اولدوردى ديمك : شو طالع سخت
صاغلقده بنى . . ايدنجه بدبخت !
مظلم كورونور بكا حياتم
بن منتظر شب مماتم ! . .
§
رمزى ، كه : بليغ ترزباندر !
درد سهويله ناتواندر : . . .
هجران‌زده ، گريه‌بار ، بيمار
كوگلم غم عشقه آشياندر !
اى يار ! ─ ديدم ─ بهار حسنك
رشك آور حورىٔ جناندر !
گلخندهٔ واپسينى اى واه ! . .
بيلدم كه : زواله ترجماندر
بيلدم كه : شو ماجراى سودا
محرق آجى ، بر درين فغاندر !

Nağme-i Te'essür!

Gözyaşları katre katre lerzân!

Söyler gam-ı aşkı: çeşm-i giryân!

Hissim kurudu!.. melûl ü zârım

Bir makbere girdi nev-bahârım!

Öldürdü dimek: şu tâli'-i saht

Sağlıkda beni.. edince bedbaht!

Muzlim görünür bana hayâtım

Ben muntazır-ı şeb-i memâtım!..

Remzi, ki: belîg-i ter-zebândır!

Derd-i sehvile nâ-tüvândır!..

Hicrân-zede, girye-bâr, bî-mâr

Gönlüm gam-ı aşka âşiyândır!

Ey yâr! –dedim- bahâr-ı hüsnün

Reşk-âver hûrî-i cinândır!

Gül-hande-i vâ-pesîni eyvâh!..

Bildim ki: zevâle tercümandır

Bildim ki: şu mâcerâ-yı sevdâ

Muhrik acı, bir derîn figândır!

Cinân: Cennetler,
uçmaklar; bahçeler.

Girye-bâr: Ağlayan,
gözyaşı döken.

Lerzân: Titrek, titreyen.

Muhrik: Yakıcı.

Nâ-tüvân: Zayıf,
kuvvetsiz.

Reşk-âver: Hasede
düşüren, kıskanmayı
uyandıran.

Sahr: 1. Katı, sert, çetin,
pek. 2. Kuvvetli, güçlü,
sağlam. 3. Güç, zor.

Ter-zebân: "Yas dilli"
1. Hazırcevap. 2.
Kalem.

Vâ-pesîn: En gerideki,
en sonraki; gibi.

یاد ماضی :

ای نونهال آمال، ای مهرناز پرور !
نور سحر یوزکده کویا تبسم ایلر ! . .
ای قهرمان عشوه ! یادکده می او دملر
کلخنده صفاکی تنظیر ایدردی کلر
چهره کده حزن سودا عکسی عیان اولوردی
ابر بهار حسنك اولدنجه سایه آور !
آلتنده بر نهالك ـ خاموش بر لسانله ـ
عشقم ایدردی اعلان چشم حزین و مغبر !
باقدم سمایه ـ آ کدم کوز یاشلریله یاری ـ
بر ماتمی قیافت عرض ایله یوردی اختر !
و یرمز حیاته نشئه افسوس ! . . یاد ماضی
رمزی یی درد هجران اولدوردی ای سمنبر!

ـــ❀❀❀❀ـــ

ای غنجهٔ نوبهار عصمت ! . .

عمرم سكا محصوردر ! . . ای كابن عصمت
مسحورکم . . . ای نشوهٔ روح ابدیت !
اولمشدی بزه محرم سودا : شب خاموش
یادکده می ؟ ای شعر سماوی صباحت !
مستیٔ محبت ایله نخمور ، نكاهك :

Sânihâtım ___ _____ 46

Yâd-ı mâzî:

Ey nev-nihâl-i âmâl, ey mihr-i nâz-ı perver!

Nûr-ı seher yüzünde güyâ tebessüm eyler!..

Ey kahraman işve! Yâdında mı o demler

Gül-hande-i safânı tanzîr ederdi güller

Çehrende hüzn-ı sevdâ aksi ayân olurdu

Ebr-i bahâr hüsnün oldukça sâye-âver!

Altında bir nihâlin –hâmûş bir lisânla-

Aşkım ederdi i'lân çeşm-i hazîn ü muğberr!

Bakdım semâya- andım gözyaşlarıyla yâri-

Bir mâtemî kıyâfet arz eyliyordu ahter!

Vermez hayâta neş'e efsûs!.. yâd-ı mâzî

Remzi'yi derd-i hicrân öldürdü ey semen-ber!

Ey Gonca-i Nev-bahâr-ı Ismet!..

Ömrüm sana mahsûrdur!.. ey gülbün-i ismet

Meshûrunum... ey neşve-i rûh-ı ebediyet!

Olmuşdu bize mahrem sevdâ: şeb-i hâmuş

Yâdında mı? Ey şi'r-i semâvî-i sabâhat!

Mestî-i muhabbet ile mahmûr, nigâhın:

Efsûs: Yazık, eyvah! gibi bir teessür edatı.

Hâmûş: Susmuş, sessiz.

İsmet: 1. Masumluk, günahsızlık, temizlik. 2. Haramdan, namusa dokunur hallerden çekinme.

Muğberr: 1. Gücenmiş, gücenik, küskün. 2. Tozlu, tozlanmış.

Sabâhat: Güzellik, lâtıflik, yüz güzelliği.

Sâye-âver: Gölge veren.

Semen-ber: Göğsü yasemin gibi beyaz olan, yasemin göğüslü [sevgili].

بيتاب املى روحمه ايلردى خطابت
بر آه تحسر ايله هپ كريه نثارم ! . .
صولغون يوزمه باق ! نه‌لر ايتدى غم حسرت
فريادا! . . كه، برظل كبى رمزى! كذر ايتدى
ادوار شبابم كبى . . اسحار محبت . . .

ـــــــــ

او مهر غايبه عرصه ايدردم بو شعرى بن

بر نظيره‌دن :

كزه‌رم ! كلشن كويك ديه صحرا صحرا
بزم وصلك كورونور چشممه فيضا، فيضا
بر شب مقمر ايدى . . خنده ايدردى انجم
آه! . . آغلاتدى ـ فقط ـ حزن ايله فردا فردا
هانى اول عالم سودا ، او كولوشلر، او صفا
ايده‌رم يادى ايله عشقمى احيا احيا
اى سيه‌پوش امل، شعر حزين سودا
غم هجران ايله اولدم ينه شيدا، شيدا ! . .
بر يتيانه تفكرله، تأثرله مدام
ديكله‌رم جولرى، بلبلرى تنها تنها
آه دلسوز غريبانه‌مى تقرير ايديور !
بويرك طاغلرى، صحرالرى كويا كويا

ـــــــــ

94

Bî-tâb-ı emel rûhuma eylerdi hitâbet

Bir âh-ı tahassür ile hep girye-nisârım!..

Solgun yüzüme bak! Neler etdi gam-ı hasret

Feryâd!.. ki, bir zıll gibi Remzî! Güzer etdi

Edvâr-ı şebâbım gibi.. eshâr-ı muhabbet...

O Mihr-i Gâribe Arz Eyledim Bu Şi'rimi Ben Bir Nazîreden:

Gezerim! gülşen-i kûyun diye sahrâ sahrâ

Bezm-i vaslin görünür çeşmime feyzâ, feyzâ

Bir şeb-i mukmir idi.. hande ederdi encüm

Âh!.. ağlatdı – fakat- hüzn ile ferdâ ferdâ

Hani ol âlem-i sevdâ, o gülüşler, o safâ

Ederim yâdı ile aşkımı ihyâ ihyâ

Ey siyeh-pûş emel, şi'r-i hazîn sevdâ

Gam-ı hicrân ile oldum yine şeydâ, şeydâ!..

Bir yetîmâne tefekkürle, te'essürle müdâm

Dinlerim cûları, bülbülleri tenhâ tenhâ

Âh dil-sûz-ı garîbânemi takrîr ediyor!

Bu yerin dağları, sahrâları gûyâ gûyâ

Edvâr-ı şebâb: Gençlik yılları.

Encüm: Yıldızlar.

Müdâm: 1. Devam eden, süren, sürekli. 2. Devam eden, arası kesilmeyen. 3. Şarap.

Mukmir: Mehtaplı [gece].

Nisâr: Saçma, serpme.

Seydâ: Aşktan aklını kaybetmiş, divâne, düşkün, şaşkın.

Siyeh-pûş: Karalar giyinmiş; matemli.

Zıll: Gölge, koruma, sahip çıkma.

كهنه غزللرمده :

ای صبا ؛

پاره صور : يوقمى دوا خسته كوكل پاره‌سنه
نه زمان رحم ايده‌جك عاشق بيچاره‌سنه
قان دوكرسه نه عجب ديده‌لرم صبح ومسا
عاشقم ! . . بن او، بتك غمزهٔ خونخواره‌سنه
عكس خون جكرمى، نه‌در اول ورد ترك
آل آل اولدى باقك بر مه رخساره‌سنه

§

شاد ! . . هپ مرهم وصلك ايله افتاده‌لرك
يوقمى ؟ بر چاره بو دشت غمك آواره‌سنه
ليلىٔ زلفكى ياد ايله‌رك اى دلبر !
دل قاريشدى ينه ديوانه‌لرك آره‌سنه
رمزىٔ غمزه‌نك ـ شوخ نكاهك شيمدى
آجدى بر داغ نوين ـ سينهٔ صد پاره‌سنه

─────

اى بى‌وفا ! . .

كلخنده‌ك ايله روحمى تنويره شتاب ايت
اللّه ايچون اولسون بكا بركره خطاب ايت

Köhne Gazellerimden:

Ey Sabâ:

Yâre sor: yok mu devâ hasta gönül yâresine

Ne zaman rahm edecek âşık-ı bî-çâresine

Kan dökerse ne aceb dîdelerim subh ü mesâ

Âşıkım!.. ben o, bi-ten gamze-i hûn-hâresine

Aks-i hûn-ı ciğerim mi, nedir ol verd-i terin

Âl âl oldu bakın bir meh-ruhsâresine

Şâd!.. hep merhem-i vaslin ile üftâdelerin

Yok mu? bir çâre bu deşt-i gamın âvâresine

Leyli-i zülfünü yâd eyleyerek ey dilber!

Dil karışdı yine dîvânelerin arasına

Remzi-i gam-zedenin –şûh nigâhın şimdi

Açdı bir dağ-ı nevîn – sîne-i sad-pâresine

Ey Bî-Vefâ!..

Gül-handen ile rûhumu tenvîre şitâb et

Allah içün olsun bana bir kere hitâb et

Bi-ten: Bedensiz, cisimsiz, ruh halinde.

Deşt-i gâm: Üzüntü yeri, dünya.

Hûn-hâr: Kan içen, kan dökücü, zâlim.

Mâh-ruhsâr: (Ay yanaklı) parlak, güzel yanaklı; yanağı, yüzü ay gibi yuvarlak olan.

Nevîn: 1. Yepyeni, yeni şey, yeni olma. 2. Kadın adı.

Sâd: Sevinçli.

Sad-pâre: Yüz parça; parça parça olmuş.

Şitâb: Acele, sür'at, çabukluk.

Subh ü mesâ: Sabah ve akşam.

Üftade: 1. Düşmüş, düşkün; biçâre. 2. Âşık.

دلخسته‌گی . . صوڭ بوسه ایله مست شباب ایت

« آواره کوڭل کچمه‌دی حالا املندن ، ،

« بر باد وخراب اولدی . . . وجودم تملندن،

❧

بر سویله‌نش :

بر دمت صاچ خیـال زارمده

دولاشیر . . حزن شاعرانه صاچار !

سنی یاد ایلرم ! . . غریب غریب

یادکارڭ کوزم اوڭنده اوچار

§

بر درین آه ، بر فغان قوپاریر !

سنی آڭدقجه روح کریانم

بنی اولدوردی آه ! . . اولدوردی

غم هجرڭله پك پریشـانم !

§

سنی آغوش اشتیـاقده

ینه کوردم حزین و کریه نثار !

ای نهال امل ، پری‌ٔ سحر !

بنی آغلاتدی ـ آه کیم ـ شب تار .

━━━❖━━━

Sânihâtım _____ 49

Dil hastenî.. son bûse ile mest-i şebâb et

"Avâre gönül geçmedi hâlâ emelinden,"

"Berbâd ve harâb oldu... vücûdum temelinden"

Âguş: Kucak.

Giryân: Ağlayıcı, ağlayan.

İştiyâk: Şevklenme, göreceği gelme, özleme.

Şeb-i târ: 1.Karanlık gece. 2. Tel, saç teli.

Bir Söyleniş:

Bir demet saç hayâl-i zârımda

Dolaşır.. hüzn-i şâ'irâne saçar!

Seni yâd eylerim!.. garîb garîb

Yâdigârın gözüm önünde uçar

Bir derîn âh, bir figân koparır!

Seni andıkça rûh-ı giryânım

Beni öldürdü âh!.. öldürdü

Gam-ı hicrinle pek perîşânım!

Seni âguş-ı iştiyâkımda

Yine gördüm hazîn ve girye-nisâr!

Ey nihâl-i emel, perî-i seher!

Beni ağlattı –âh kim- şeb-i târ.

99

برخاطره‌دن :

وودينا ، باغ أرامدن دها دلپروردر . .
مسقط رأسم اولان روحفزا بر يردر !
جولرك زمزمه‌سی ، قوشلرك الحانی بوتون :
عمرمك الك كوزل ايامنی ياد آوردر ! . . .

~~~~~~~~~

نرده ؟ . .

آرارم دائما خيالگی بن
صبح اوّلده، كزديكك يرده
صورارم ! نوهلال محزوندن :
سوديكم ، آه ! . . . سوديكم نرده ؟

شعر محزون ! . .

بهار نشوه‌م ايدی آه ! نديمهٔ جانم
كولردی خنده‌لريله شباب كريانم !
دوكردی روحمه بر نور سرمدئ املی
او غمكسار حياتم ، انيس وجدانم
تقابل ايلر ايدی كريهٔ محبتمز
باقيجه حزن ايله كاهی مه درخشانم
سرشك عشقمی ايثار ايدرده پايبنه بن :
ترحم ايله ! ديوردم ، كه رحمه شايانم
نكاه عصمتی : معنالی ، پك حزين ايدی آه

Sânihâtım _____ 50

Bir Hâtırâdan:

Vodina, Bağ-ı İrem'den daha dil-perverdir..

Maskat-ı re'sim olan rûh-fezâ bir yerdir!

Cûların zemzemesi, kuşların elhânı bütün:

Ömrümün en güzel eyyâmını yâd-âverdir!...

Nerede?..

Ararım dâ'imâ hayâlini ben

Subh-ı evvelde, gezdiğin yerde

Sorarım! Nev-hilâl-i mahzûndan:

Sevdiğim, âh!.. sevdiğim nerde?

Şi'r-i Mahzûn!..

Bahâr-ı neşvem idi âh! Nedîme-i cânım

Gülerdi handeleriyle şebâb-ı giryânım!

Dökerdi rûhuma bir nûr-ı sermedî-i emel

O gam-küsâr hayâtım, enîs-i vicdânım

Tekâbül eyler idi girye-i muhabbetimiz

Bakınca hüzn ile gâhî meh-i dirahşânım

Sirişg-i aşkımı îsâr eder de pâyına ben:

Terahhum eyle! Diyordum, ki rahme şâyânım

Nigâh-ı ısmeti: ma'nâlı, pek hazîn idi âh

Cü: Arama, araştırma.

Dirahşan: Parlak, parlayan.

Elhân: Nağmeler, ezgiler.

İsâr: 1. ikram; bahşiş. 2. cömertlikle verme. 3. dökme, saçma, serpme.

Maskat-ı re's: Doğum yeri.

Sirişg: Gözyaşı.

Terahhum: Merhamet etme, acıma.

Zemzeme: Ezgili, nağmeli ses; nağme.

او غمزه‌لرده آصیلمشدی قلب ویرانم !

او ، چهره‌در بگا یادآور شطارت اولان

اوت ، او چهره ایدی نجه : صبح تابانم !

صورانلره او پریزاد خسته‌یی دیر ایدم :

تمام بن یدی آی ! باش اوجنده کریمم

او غملی دیده‌لره والهانه باقدقجه

زمان زمان چوغالیردی کوکلده احزانم

دوقوندی خاطرمه آغلادم ! غریب غریب

نه‌دن او رتبه صارارمشدی ؟ ورد خندانم !

طبیبلر آ‌کا بر چاره بولمادی ایواه ! . .

کومولدی خاك سیاهه بوکون پریشانم

نه‌در ؟ شو صدمۀ چرخ اولدی فکره هائله‌زن

جهان بو حالمه آغلار که : پك پریشانم !

نه‌در یوزنده او خنده ، او نور لاهوتی

او کریه‌دن دها محزون وداعه حیرانم ! . .

فقط بو حیرت ایچنده یتیملر کبی بن

بوکوب‌ده بوینمی مقبرده زار و کریانم

نه ذوق حس ایده‌رم ؟ اضطرابدن باشقه

حیاتی نیلیه‌یم ؟ . . ناله‌کار هجرانم !

بوتون امیدلرم شیمدی کیردی طوبراغه

حضیض غمده غریبانه بویله پویانم ! . .

قوپار شو قلب خرابمده ماتمی فریاد

کورور خیالی قارشیمده چشم حسرانم

تسلیات اودّا قالیر بوتون بی‌سود !

Sânihâtım _____ 51

O gamzelerde asılmışdı kalb-i vîrânım!

O, çehredir bana yâd-âver-i şetâret olan

Evet, o çehre idi bence: subh-ı tâbânım!

Soranlara o perî-zâd hastayı der idim:

Tamâm ben yedi ay! Başucunda giryânım

O gamlı dîdelere vâlihâne bakdıkça

Zamân zamân çoğalırdı gönülde ahzânım

Dokundu hâtırıma ağladım! Garîb garîb

Neden o rütbe sararmışdı? Verd-i handânım!

Tabîbler ona bir çâre bulmadı eyvâh!..

Gömüldü hâk-ı siyâha bugün perî-şânım

Nedir? Şu sadme-i çarh oldu fikre hâ'ile-zen

Cihân bu hâlime ağlar ki: pek perîşânım!

Nedir yüzünde o hande, o nûr-ı lâhûtî

O giryeden daha mahzûn vedâ'a hayrânım!..

Fakat bu hayret içinde yetîmler gibi ben

Büküp de boynumu makberde zâr u giryânım

Ne zevk hissederim? Izdırâbdan başka

Hayâtı neyleyeyim?.. nâle-kâr-ı hicrânım!

Bütün ümîdlerim şimdi girdi toprağa

Hazîz-i gamda garîbâne böyle pûyânım!..

Kopar şu kalb-i harâbımda mâtemî feryâd

Görür hayâlini karşımda çeşm-i hüsrânım

Tesselliyât-i eviddâ kalır bütün bî-sûd!

Ahzân: Kederler, sıkıntılar.

Bî-sûd: Boş, faydasız.

Eviddâ: Ahbaplar, hakiki dostlar, sevgililer.

Hâ'ile-zen: Dram ve trajedi ile vuran, atan, çalan.

Haziz: 1. Mesud, mutlu. 2. Hisse ve nasibi olan.

Lâhûtî: Allah'a ait, Allah ile ilgili.

Nâle-kâr: İnleyen.

Pûyân: 1. Koşan, [en çok insan hakkında]. 2. Dalmış, kendini kaptırmış.

Sadme: 1. Çarpma, tokuşma, çatma. 2. Ansızın başa gelen belâ.

Tâbân: Işıklı, parlak.

Vâlihâne: Şaşkınca, şaşırmış olarak.

103

ناصل بن آغلامايم سويله ؟ بنده انسانم

صباح وقتی ايدر خاطراتمی احیا

دم سحرده او دلداری آلدی یزدانم

ایدن مزاری احاطه سیاه طاشلره باق !

سیاه بختمه زائر ! دکلمی برهانم ؟

او حس مبهمی ، درد نهانی شرح ایده‌م

اکرچه وادی سحر سخنده سحبانم !

یازیق ! . . شو دور شبابمده یارسز قالدم

مدام قان دوکه‌جكدر : نزار چشمانم

خلاصه : بن یاشامق ایسته‌م بو حالت ایله

بنم ایچون قوجه بر یوك دکلمیدر ؟ جانم

همیشه‌كار بکا : آه وواهدر ! . . رمزی !

بیاض مرمره سرپیلسون اشك جوشانم !

آه ! . . ای زائر خفاپرور !

بوراده هر امل سكوت ایلر ! . .

بك سونوكدر ، ملالپروردر :

بوراده رنك ابتسام سحر !

بوراد   ورملی قیز کیبیدر :

فجر   . . بهار فیض آور ! . .

Sânihâtım _____ 52

Nasıl ben ağlamayım söyle? Ben de insanım

Sabah vakti eder hâtırâtımı ihyâ

Dem-i seherde o dildârı aldı yezdânım

Eden mezârı ihâta siyah taşlara bak!

Siyâh bahtıma zâ'ir! Değil mi bürhânım!

O hiss-i mübhemi, derd-i nihânı şerh edemem

Eğerçi vâdî-i sihr-i sühanda sühbânım!

Yazık!.. şu devr-i şebâbımda yârsız kaldım

Müdâm kân dökecekdir: nizâr-ı çeşmânım

Hülâsâ: ben yaşamak istemem bu hâlet ile

Benim içün koca bir yük değil midir? Canım

Hemîşe-kâr bana: âh u vâhdır!.. Remzi!

Beyâz mermere serpilsün eşk-i cûşânım!

Âh!.. ey zâ'ir-i hafâ-perver!

Burada her emel sükût eyler!..

Pek sönükdür, melâl-perverdir:

Burada reng-i ibtisâm-ı seher!

Burada bir veremli kız gibidir:

Fecr-i evvel... bahâr-ı feyz-âver!..

Feyz-âver: Feyz çıkaran.

Hafâ-perver: Gizlilik seven.

Hemîse: Dâima, her vakit, her zaman.

İhâta: Çevreleyen.

Melal: 1. Usanç, usanma, bıkma. 2. Sıkılma, sıkıntı.

Nizâr: Zayıf, arık, lagar.

Sühbân: Söz ustası, sihirli hitabet vadisinde rehber, mükemmel ifade sahibi.

Yezdân: Allah.

Zâ'ir: Ziyaretçi.

www.ingramcontent.com/pod-product-compliance
Lightning Source LLC
Chambersburg PA
CBHW021239090426
42740CB00006B/610